Kroiß/Neurauter
Formularsammlung für
Rechtspflege und Verwaltung

Formularsammlung für Rechtspflege und Verwaltung

Begründet von

Dr. Werner Böhme
und
Dr. Dieter Fleck

Jetzt bearbeitet von

Prof. Dr. Ludwig Kroiß
Leitender Oberstaatsanwalt
Nebenamtlicher Arbeitsgemeinschaftsleiter für Rechtsreferendare
Honorarprofessor an der Universität Passau

Irene Neurauter
Regierungsdirektorin

27., überarbeitete Auflage 2019

C.H.BECK

www.beck.de

ISBN 978 3 406 74352 8

Wilhelmstraße 9, 80801 München
Druck: Beltz Grafische Betriebe GmbH
Am Fliegerhorst 8, 99947 Bad Langensalza

Satz und Umschlaggestaltung: Druckerei C. H. Beck Nördlingen

Gedruckt auf säurefreiem, alterungsbeständigem Papier
(hergestellt aus chlorfrei gebleichtem Zellstoff)

Vorwort zur 27. Auflage

Die vornehme Zurückhaltung des Gesetzgebers in den vergangenen zwei Jahren hat dazu geführt, dass für die Neuauflage nur marginale Änderungen erforderlich waren.

Gleichwohl wurden insbesondere die Ausführungen zum arbeitsgerichtlichen Urteil überarbeitet. Dafür verantwortlich zeichnet Herr Richter am Arbeitsgericht Augsburg Dr. Sven Oehme. Der familienrechtliche Teil wurde wiederum von Herrn Direktor des Amtsgerichts Freising Dr. Christian Seiler aktualisiert. Schließlich gab Herr Richter am Landgericht Traunstein Dr. Anton Burger wichtige Hinweise zu den strafrechtlichen Mustern. Ihnen und dem unermüdlichen Lektor des Verlages, Herrn Stefan Tischler, gebührt unser herzlicher Dank, ebenso, wie den aufmerksamen Lesern, die Anregungen und Änderungsvorschläge gemacht haben.

Traunstein und München im Juli 2019

Prof. Dr. Ludwig Kroiß | Irene Neurauter

Inhaltsverzeichnis

Muster für Anträge und Entscheidungen

A. Zivilrecht

Erster Abschnitt. Streitige Gerichtsbarkeit

I. Ordentliche Gerichtsbarkeit

a) Einzelne gerichtliche Beschlüsse

b) Verfahren erster Instanz

c) Rechtsmittelverfahren

II. Arbeitsgerichtsbarkeit

Zweiter Abschnitt. Freiwillige Gerichtsbarkeit

a) Erstentscheidung

b) Beschwerdeentscheidungen

B. Strafrecht

a) Vorverfahren

b) Zwischenverfahren

c) Hauptverfahren

d) Rechtsmittelverfahren

e) Wiederaufnahme

C. Verwaltungsrecht

I. Erstentscheidungen der Verwaltungsbehörden

II. Verwaltungsgerichtliche Verfahren

a) Verfahren erster Instanz

b) Rechtsmittelverfahren

D. Steuerrecht

A. ZIVILRECHT

Erster Abschnitt. Streitige Gerichtsbarkeit

I. Ordentliche Gerichtsbarkeit

a) Einzelne gerichtliche Beschlüsse

Nr. 1. Antrag auf Erlass einer einstweiligen Verfügung

Dr. Henriette Roth
Rechtsanwältin

60313 Frankfurt/Main, 26.2.2019
Alte Gasse 16

An das
Amtsgericht Frankfurt/Main
– Zivilgericht –

Antrag auf Erlass einer einstweiligen Verfügung

der Frau Martha Kunter, Darmstädter Landstr. 17, 60594 Frankfurt/Main,
– Antragstellerin –

gegen Fritz Berger, Kaiserstr. 3, 60311 Frankfurt/Main,
– Antragsgegner –

Namens und im Auftrag der Antragstellerin – Vollmacht liegt bei – beantrage ich, wegen Dringlichkeit ohne mündliche Verhandlung im Wege einstweiliger Verfügung anzuordnen:

> Dem Antragsgegner wird bei Meidung eines Ordnungsgeldes[1] bis zu 250.000,– € und einer Ordnungshaft bis zu 6 Monaten im Falle der Uneinbringlichkeit des Ordnungsgeldes untersagt, zu behaupten, die Antragstellerin sei eine notorische Ladendiebin.

Streitwert[2]: 4800,– €

Begründung:

Sachdarstellung zu Anspruch und Verfügungsgrund mit jeweiliger Glaubhaftmachung der Tatsachen (§ 294 ZPO i. V. m. §§ 936, 920 Abs. 2 ZPO).
Anlage: Vollmacht

Roth
(Dr. Roth)
Rechtsanwältin

Anmerkungen

1. Vgl. § 890 ZPO. Der Rahmen ist 5–250.000 € (Art. 6 Abs. 1 EGStGB). Die volle Summe muss nicht ausgeschöpft werden. Die Strafandrohung muss zwar nicht mit dem Antrag auf

Erlass einer einstweiligen Verfügung auf Unterlassung ehrenrühriger Behauptungen verbunden werden (vgl. § 890 Abs. 2 ZPO); die Verbindung ist aber zweckmäßig, weil die Androhung, soll vollstreckt werden, bereits vor der Zuwiderhandlung ausgesprochen sein muss.

2. Vgl. § 48 Abs. 2 GKG. Das angedrohte Ordnungsgeld ist kein Indiz für den Streitwert.

Nr. 2. Einstweilige Verfügung

Landgericht Darmstadt

Az: 2 O 17/19

Beschluss[1]

der 2. Zivilkammer – Einzelrichter – des Landgerichts Darmstadt vom 12. April 2019

in dem Verfahren

Fa. Krause KG,
gesetzlich vertreten durch ihren persönlich haftenden Gesellschafter Dr. Friedrich Meier, Noackstr. 3, 64285 Darmstadt,
– Antragstellerin –

Verfahrensbevollmächtigter: Rechtsanwalt Fritz Müller, Marktplatz 3, 64283 Darmstadt,

gegen

Wilhelm Hochbauer, Lortzingstr. 11, 64291 Darmstadt,
– Antragsgegner –

wird im Wege einstweiliger Verfügung – wegen Dringlichkeit ohne mündliche Verhandlung – angeordnet:

I. Im Grundbuch des Amtsgerichts Darmstadt für Darmstadt, Band 13, Blatt 5002, Abt. III, ist zur Nr. 5 folgendes Veräußerungsverbot zugunsten der Antragstellerin einzutragen: ‚Dem Eigentümer wird verboten, über diese Hypothek zu verfügen.'
II. Der Antragsgegner trägt die Kosten des Verfahrens.
III. Der Streitwert des Verfügungsverfahrens wird auf 40.000,– € festgesetzt.[2]

Gründe:

1. *Sachdarstellung*
2. *Rechtliche Würdigung mit Angabe der Dringlichkeit,*
   z. B.: Der Antragsteller hat durch Vorlage einer eidesstattlichen Versicherung glaubhaft gemacht, dass …
   Die Dringlichkeit ergibt sich aus folgenden Umständen: …
3. *Kostenentscheidung*
4. *Streitwertfestsetzung.*

Rechtsbehelfsbelehrung[3]:

Gegen die Entscheidung kann Widerspruch eingelegt werden. Der Widerspruch ist nicht an eine Frist gebunden.
Der Widerspruch ist bei dem Landgericht Darmstadt zu erheben.
Der Widerspruch muss mit Schriftsatz durch eine Rechtsanwältin oder einen Rechtsanwalt eingelegt werden.

Nr. 2

Gegen die Entscheidung, mit der der Streitwert festgesetzt worden ist, kann Beschwerde eingelegt werden, wenn der Wert des Beschwerdegegenstands 200 Euro übersteigt oder das Gericht die Beschwerde zugelassen hat.
Die Beschwerde ist binnen ***sechs Monaten*** *bei dem Landgericht Darmstadt einzulegen.*
Die Frist beginnt mit Eintreten der Rechtskraft der Entscheidung in der Hauptsache oder der anderweitigen Erledigung des Verfahrens. Ist der Streitwert später als einen Monat vor Ablauf der sechsmonatigen Frist festgesetzt worden, kann die Beschwerde noch innerhalb eines Monats nach Zustellung oder formloser Mitteilung des Festsetzungsbeschlusses eingelegt werden. Im Fall der formlosen Mitteilung gilt der Beschluss mit dem dritten Tage nach Aufgabe zur Post als bekannt gemacht.
Die Beschwerde ist schriftlich einzulegen oder durch Erklärung zu Protokoll der Geschäftsstelle des genannten Gerichts. Sie kann auch vor der Geschäftsstelle jedes Amtsgerichts zu Protokoll erklärt werden; die Frist ist jedoch nur gewahrt, wenn das Protokoll rechtzeitig bei dem oben genannten Gericht eingeht. Eine anwaltliche Mitwirkung ist nicht vorgeschrieben.

Bertsch
(Bertsch)
Richterin
am Landgericht

Anmerkungen

1. Wird über den Antrag mündlich verhandelt, entscheidet das Gericht durch Urteil (§§ 936, 922 ZPO). Zur Zuständigkeit vgl. § 937 und § 942 ZPO. Bei Zuständigkeit eines Kollegialgerichts kann in dringenden Fällen der Vorsitzende anstatt des Gerichts entscheiden, sofern nicht eine mündliche Verhandlung erforderlich ist (§ 944 ZPO).

2. Vgl. § 53 Abs. 1 Nr. 1 GKG, § 3 ZPO. Die Streitwertfestsetzung im Beschluss folgt aus § 63 Abs. 2 Satz 1 GKG. Maßgebend ist das Sicherungsinteresse des Antragstellers. Ein Ausspruch über die Vollstreckbarkeit entfällt, weil der Beschluss kraft Gesetzes vollstreckbar ist (§§ 936, 929 ZPO).

3. Nach dem Gesetz zur Einführung einer Rechtsbehelfsbelehrung im Zivilprozess und zur Änderung anderer Vorschriften v. 5.12.2012 (RechtsBehEG – BGBl. I S. 2418) ist seit dem 1.1.2014 die Neufassung des § 232 ZPO zu beachten.

Nr. 3. Antrag auf Erlass eines dinglichen Arrests

Dr. Barbara Geiger-Mahlik
Rechtsanwältin

80469 München, 25.1.2019
Kapuzinerstr. 33

An das
Landgericht München I
– Zivilkammer –[1]

Arrestgesuch

des Wilhelm Bergmeister, Briennerstr. 35, 80333 München,
– Antragsteller –

Verfahrensbevollmächtigte: Rechtsanwältin Dr. Barbara Geiger-Mahlik, München,

gegen

Josef Schrallberger, Sonnenstr. 24, 80331 München,
– Antragsgegner –

Namens und im Auftrag des Antragstellers – Vollmacht ist beigefügt –

beantrage

ich, – ohne mündliche Verhandlung –[2]
wegen einer Kaufpreisforderung des Antragstellers von 28.345,– € (i. W. achtundzwanzigtausenddreihundertfünfundvierzig Euro) und einer Kostenpauschale[3] von 4700,– € den dinglichen Arrest[4] in das bewegliche und unbewegliche Vermögen[5] des Antragsgegners anzuordnen.[6]

Begründung:

Sachdarstellung des Arrestanspruchs (§ 916 ZPO) und des Arrestgrundes (§ 917 ZPO) jeweils mit Glaubhaftmachung (§ 920 Abs. 2, § 294 ZPO) der entsprechenden Tatsachen.

Geiger-Mahlik
(Dr. Geiger-Mahlik)
Rechtsanwältin

Anmerkungen

1. Zur Zuständigkeit: § 919 ZPO.

2. Vgl. § 922 ZPO.

3. Die Kostenpauschale umfasst die geschätzten Kosten des Hauptsacheprozesses und des Arrestverfahrens. Sie wird in der Praxis regelmäßig in den Arrestantrag einbezogen und von den Gerichten anerkannt, obwohl, sofern ein Hauptsacheprozess noch nicht anhängig ist,

der Kostenerstattungsanspruch wohl noch keine bedingte Forderung im Sinne von § 916 Abs. 2 ZPO sein dürfte.

4. Zum Arrestgrund bei persönlichem Arrest vgl. § 918 ZPO.

5. Eine Aufzählung der Gegenstände, in die sicherungshalber vollstreckt werden soll, gehört nicht hierher. Die Arrestvollziehung (z. B. Forderungspfändung) ist in §§ 928 ff. ZPO eigens geregelt.

6. Ein Antrag, dass der Antragsgegner die Kosten des Arrestverfahrens zu tragen hat, ist entbehrlich, weil das Gericht darüber auch im Arrestverfahren von Amts wegen zu entscheiden hat.

Nr. 4. Anordnung eines dinglichen Arrests

Landgericht München I
Az: 23 O 1046/19

Beschluss[1·2]

der 23. Zivilkammer – Einzelrichter – des Landgerichts München I vom 19.2.2019

in dem Verfahren

Wilhelm Bergmeister, Briennerstr. 35, 80333 München,
– Antragsteller –
Verfahrensbevollmächtigte: Rechtsanwältin Dr. Barbara Geiger-Mahlik,
Kapuzinerstr. 33, 80469 München,

gegen

Josef Schrallberger, Sonnenstr. 24, 80331 München,
– Antragsgegner –

1. Zur Sicherung der Zwangsvollstreckung wegen einer Kaufpreisforderung[3] des Antragstellers auf Zahlung von 28.345,– € und eines Kostenpauschalbetrages[4] von 4700,– € wird der dingliche Arrest[5] in das bewegliche und unbewegliche Vermögen des Antragsgegners angeordnet.
2. Der Antragsgegner hat die Kosten des Arrestverfahrens zu tragen.
3. Evtl. Die Vollziehung des Arrests wird davon abhängig gemacht, dass der Antragsteller Sicherheit in Höhe von 34.100,– € leistet.[6]
4. Wenn der Antragsgegner 33.045,– € hinterlegt, wird die Vollziehung des Arrests gehemmt und der Antragsgegner zum Antrag auf Aufhebung des vollzogenen Arrests berechtigt.[7]

Rechtsbehelfsbelehrung[8]:

Gegen die Entscheidung kann Widerspruch eingelegt werden. Der Widerspruch ist nicht an eine Frist gebunden.
Der Widerspruch ist bei dem Landgericht München I zu erheben.
Der Widerspruch muss mit Schriftsatz durch eine Rechtsanwältin oder einen Rechtsanwalt eingelegt werden.
Gegen die Entscheidung, mit der der Streitwert festgesetzt worden ist, kann Beschwerde eingelegt werden, wenn der Wert des Beschwerdegegenstands 200 Euro übersteigt oder das Gericht die Beschwerde zugelassen hat.
Die Beschwerde ist binnen **sechs Monaten** bei dem Landgericht München I einzulegen.
Die Frist beginnt mit Eintreten der Rechtskraft der Entscheidung in der Hauptsache oder der anderweitigen Erledigung des Verfahrens. Ist der Streitwert später als einen Monat vor Ablauf der sechsmonatigen Frist festgesetzt worden, kann die Beschwer-

de noch innerhalb eines Monats nach Zustellung oder formloser Mitteilung des Festsetzungsbeschlusses eingelegt werden. Im Fall der formlosen Mitteilung gilt der Beschluss mit dem dritten Tage nach Aufgabe zur Post als bekannt gemacht.
Die Beschwerde ist schriftlich einzulegen oder durch Erklärung zu Protokoll der Geschäftsstelle des genannten Gerichts. Sie kann auch vor der Geschäftsstelle jedes Amtsgerichts zu Protokoll erklärt werden; die Frist ist jedoch nur gewahrt, wenn das Protokoll rechtzeitig bei dem oben genannten Gericht eingeht. Eine anwaltliche Mitwirkung ist nicht vorgeschrieben.

Wenzel
(Dr. Wenzel)
Richter[9]
am Landgericht

Anmerkungen

1. Über das Arrestgesuch kann ohne mündliche Verhandlung durch Beschluss oder nach mündlicher Verhandlung durch Urteil entschieden werden (§ 922 Abs. 1 ZPO).
2. Der Beschluss bedarf keiner Begründung, wenn er nicht im Ausland vollzogen werden soll (vgl. § 922 Abs. 1 Satz 2 ZPO).
3. Die Anordnung muss die Forderung nach Grund und Höhe bestimmen.
4. Wegen der Kostenpauschale vgl. oben Nr. 3 Anm. 3.
5. Die Art des Arrests muss bestimmt werden. Bei persönlichem Arrest würde Ziffer 1. lauten: „... wird der **persönliche Sicherheitsarrest** gegen den Antragsgegner angeordnet." Ziffer 2. würde lauten: „In Vollziehung von Ziffer 1 wird Haft gegen den Antragsgegner verhängt". Gemäß § 933 ZPO kommen wegen des Grundsatzes der Verhältnismäßigkeit auch andere Freiheitsbeschränkungen in Betracht, wie Meldepflicht, Reiseverbot, Wegnahme der Ausweispapiere, Hausarrest. Ziffer 3. müsste lauten: „Die Vollziehung des Arrests wird durch Hinterlegung eines Betrages von ...... gehemmt und der Antragsgegner zu dem Antrag auf Aufhebung des persönlichen Arrests berechtigt."
6. Vgl. § 921 Satz 1 ZPO. Das Gericht könnte auch die Anordnung des Arrests von vorheriger Sicherheitsleistung des Antragstellers abhängig machen (vgl. § 921 Satz 2 ZPO) oder den Arrest und die Vollziehung nicht von einer Sicherheitsleistung abhängig machen. Die Festlegung einer Sicherheit richtet sich nach § 108 ZPO. Die Höhe der Sicherheit wird regelmäßig so zu bemessen sein, dass sie jeden eventuellen Schaden (§ 945 ZPO) deckt. Die Sicherheit umfasst regelmäßig die zu sichernde Forderung und die „Kostenpauschale" bezüglich eines Hauptsacheprozesses sowie die geschätzten Kosten des Arrestverfahrens, dessen Streitwert von der Rechtsprechung gemäß § 53 GKG, § 3 ZPO regelmäßig mit ca. $^1/_3$ des zu sichernden Geldbetrags angenommen wird. Die „Kostenpauschale" bleibt beim Streitwert des Arrestverfahrens wegen § 4 Abs. 1 ZPO außer Betracht.
7. Vgl. § 923 ZPO, sog. „Lösungssumme". Die Höhe entspricht der zu sichernden Forderung mit Nebenforderungen, hier also der zu sichernden Kaufpreisforderung zuzüglich der „Kostenpauschale", aber ohne Einbeziehung der Kosten des Arrestverfahrens, da diese endgültig zu erstatten sind.
8. Nach dem Gesetz zur Einführung einer Rechtsbehelfsbelehrung im Zivilprozess und zur Änderung anderer Vorschriften (RechtsBehEG) ist seit 1.1.2014 die Neufassung des § 232 ZPO zu beachten.
9. In besonders dringlichen Fällen kann der Vorsitzende in Kammersachen (vgl. § 348 Abs. 1 Satz 2 ZPO) oder in Handelssachen (§ 105 GVG) auch allein entscheiden, § 944 ZPO.

Nr. 5. Beschluss im Prozesskostenhilfe-Verfahren

Landgericht Passau
Az: 2 O 31/2019

Beschluss

In Sachen

Martha Richter, geb. Schramm, Berggasse 7, 94032 Passau,
– Antragstellerin –

Prozessbevollmächtigter: Rechtsanwalt Heinz Martin, Marktgasse 3, 94032 Passau,

gegen

Hans Müller, Berggasse 23, 94032 Passau,
– Antragsgegner –

Prozessbevollmächtigte: Rechtsanwältin Dr. Katrin Scharf, Hochstr. 2, 94032 Passau.

wegen Forderung aus einem Bauvertrag;
hier: Bewilligung der Prozesskostenhilfe
hat das Landgericht Passau, 2. Zivilkammer, am 18.1.2019 durch Vorsitzenden Richter am Landgericht Dr. Rauh, Richterin am Landgericht Weiß und Richter Dr. Maurer[1] folgendes

beschlossen:

Der Antragstellerin wird die beantragte Prozesskostenhilfe versagt.

Gründe[2]:

1. Kurze Sachverhaltsschilderung
2. Rechtliche Würdigung, aus der sich ergibt, ob die Prozesskostenhilfe wegen der persönlichen und wirtschaftlichen Verhältnisse der Antragstellerin oder wegen Fehlens hinreichender Erfolgsaussicht der beabsichtigten Rechtsverfolgung oder Rechtsverteidigung versagt wird (§ 114 ZPO).
3. Rechtsbehelfsbelehrung[3]

Gegen die Entscheidung kann sofortige Beschwerde (im Folgenden: Beschwerde) eingelegt werden.
Die Beschwerde ist binnen einer Notfrist von ***einem Monat*** *bei dem*

Landgericht Passau, Zengergasse 1–3, 94032 Passau

oder bei dem

Oberlandesgericht München, Prielmayerstr. 5, 80335 München

einzulegen.

Die Frist beginnt mit der Zustellung der Entscheidung, spätestens mit dem Ablauf von fünf Monaten nach der Verkündung der Entscheidung.

Die Beschwerde ist schriftlich einzulegen oder durch Erklärung zu Protokoll der Geschäftsstelle eines der genannten Gerichte. Sie kann auch vor der Geschäftsstelle jedes Amtsgerichts zu Protokoll erklärt werden; die Frist ist jedoch nur gewahrt, wenn das Protokoll rechtzeitig bei einem der oben genannten Gerichte eingeht. Eine anwaltliche Mitwirkung ist nicht vorgeschrieben.
Die Beschwerdeschrift muss die Bezeichnung der angefochtenen Entscheidung sowie die Erklärung enthalten, dass Beschwerde gegen diese Entscheidung eingelegt werde.

Rauh	*Weiß*	*Maurer*
(Dr. Rauh)	(Weiß)	(Dr. Maurer)
Vorsitzender Richter am Landgericht	Richterin am Landgericht	Richter am Landgericht

Anmerkungen

1. Die originäre Kammerzuständigkeit ergibt sich hier aus § 348 Abs. 1 Nr. 2c ZPO, wenn der Geschäftsverteilungsplan des Gerichts oder § 72a GVG (gültig seit 1.1.2018) die Zuordnung des Rechtsstreits zu der jeweiligen Kammer auf Grund einer Sonderzuständigkeit regelt.

2. Gegen die Versagung der Prozesskostenhilfe (dazu zählt auch die mit der Anordnung einer Ratenzahlung oder eines Vermögenseinsatzes verbundene, also den Antragsteller beschwerende Bewilligung) oder die Aufhebung der Bewilligung der Prozesskostenhilfe (§ 124 ZPO) findet sofortige Beschwerde binnen einer Notfrist von einem Monat statt. Dies gilt nicht, wenn der Streitwert der Hauptsache den in § 511 ZPO genannten Betrag nicht übersteigt, es sei denn, das Gericht hat ausschließlich die persönlichen oder wirtschaftlichen Voraussetzungen für die Prozesskostenhilfe verneint (§ 127 Abs. 2 Satz 2 ZPO).
   Gegen die Bewilligung der Prozesskostenhilfe findet nur die sofortige Beschwerde der Staatskasse statt, wenn weder Monatsraten noch zu zahlende Beiträge (vgl. § 115 ZPO) festgesetzt worden sind (§ 127 Abs. 3 ZPO). Diese Beschwerde kann nur darauf gestützt werden, dass die Partei entsprechende Zahlungen zu leisten hat.
   Der Prozessgegner hat gegen die Bewilligung der Prozesskostenhilfe kein Rechtsmittel (§ 127 Abs. 2 Satz 1 ZPO).
   Hat im ersten Rechtszug ein Einzelrichter entschieden, entscheidet auch das Beschwerdegericht durch einen Einzelrichter (§ 568 ZPO).

3. Nach dem Gesetz zur Einführung einer Rechtsbehelfsbelehrung im Zivilprozess und zur Änderung anderer Vorschriften vom 5.12.2012 (RechtsBehEG – BGBl. I S. 2418) ist seit 1.1.2014 die Neufassung des § 232 ZPO zu beachten.

Nr. 6. Antrag auf Erlass eines Pfändungs- und Überweisungsbeschlusses

Beate Most
Rechtsanwältin

21033 Hamburg, 8.1.2019
Fockenweide 3

An das
Amtsgericht Hamburg
– Vollstreckungsgericht –

In der Zwangsvollstreckungssache

Jürgen Handke, Kaufmann, Wilhelmstr. 3, 21073 Hamburg,
– Gläubiger –

Prozessbevollmächtigte: Rechtsanwältin Beate Most, Fockenweide 3, 21033 Hamburg,

gegen

Ludwig Heinze, Kaufmann, Bremer Str. 27, 21073 Hamburg,
– Schuldner –

beantrage ich namens und in Vollmacht des Gläubigers den Erlass folgenden

Pfändungs- und Überweisungsbeschlusses

Wegen des dem Gläubiger gegen den Schuldner nach dem vollstreckbaren Urteil des Amtsgerichts Hamburg vom 20.10.2018 (Az: 3 C 372/18) zustehenden Anspruchs auf Zahlung von 595,– € nebst 5 % Zinsen über dem Basiszinssatz seit dem 1.9.2015 wird bis zur Höhe dieses Anspruchs und der Kosten für diesen Beschluss und der Zustellungskosten die Kaufpreisforderung des Schuldners gegen den Kaufmann Heinrich Bauer, Hauptstr. 11, Hamburg, – Drittschuldner – aus Lieferung einer Stereoanlage Technics S C-HD 50, bestehend aus RDS-Tuner, Cassettendeck, CD-Player, 2 Lautsprecherboxen und Fernbedienung, Rechnungsnummer 1054[1], gepfändet.
Der Drittschuldner darf, soweit die Forderung gepfändet ist, an den Schuldner nicht mehr zahlen[2]. Der Schuldner hat sich insoweit jeder Verfügung über die Forderung, insbesondere ihrer Einziehung zu enthalten. Zugleich wird dem Gläubiger die bezeichnete Forderung in Höhe des erwähnten Betrags zur Einziehung überwiesen.

Most
(Most)
Rechtsanwältin

Anmerkungen

1. Die gepfändete Forderung muss möglichst genau bezeichnet werden (vgl. Thomas/Putzo/Seiler § 829 ZPO Rn. 7).
2. Vgl. § 829 Abs. 1 ZPO. Den erwirkten Beschluss muss der Gläubiger dem Drittschuldner zustellen lassen, § 829 Abs. 2 ZPO. Diese Zustellung folgt den Regeln der §§ 191, 192 ZPO (vgl. Thomas/Putzo/Seiler § 829 ZPO Rn. 24).

b) Verfahren erster Instanz

Nr. 7. Klageschrift

Dr. Werner Habscheid
Dr. Hans Müller-Haenisch
Rechtsanwälte

80333 München, 20.1.2019
Arcostr. 5

An das
Landgericht München I
– Zivilkammer –
per BeA

Klage

in Sachen

1. Hans-Heinrich Frisch, Lauterweg 21, 45219 Essen,
2. Manfred Hebel, Hauptstr. 42, 45219 Essen,
– Kläger –

Prozessbevollmächtigte zu 1 und 2: Rechtsanwälte Dres. Habscheid und Müller-Haenisch, Arcostr. 5, 80333 München,

gegen

Hans Neuberger, Theatinerstr. 11, 80333 München,
– Beklagter –

wegen Forderung aus Darlehen
Streitwert: 34.000,– €.

Namens und im Auftrag der Kläger erheben wir hiermit Klage zum Landgericht München I mit dem

Antrag:

I. Der Beklagte wird verurteilt, an die Kläger je 17.000,– € nebst Zinsen hieraus in Höhe von 8 Prozent[1] seit dem 1.12.2018 zu zahlen.
II. Der Beklagte trägt die Kosten des Rechtsstreits.[2]
III. Das Urteil ist vorläufig vollstreckbar.[2, 3]

Evtl.: Für den Fall des schriftlichen Vorverfahrens wird vorsorglich für den Fall der nicht rechtzeitigen Anzeige der Verteidigungsbereitschaft Versäumnisurteil gegen den Beklagten beantragt.[4]

Begründung:

Einleitungssatz bezüglich des Streitgegenstandes,
z. B. Der Kläger macht Rückzahlungsansprüche aus einem Darlehensvertrag geltend.

Substantiierter Tatsachenvortrag zur Begründung des prozessual geltend gemachten Anspruchs nach Grund und Höhe einschließlich etwaiger Nebenforderungen (§ 138 Abs. 1 ZPO).
Für jede behauptete Tatsache ist – sofern nicht vorprozessual unstreitig – gesondert Beweis anzutreten (§ 282 Abs. 1 und 2 ZPO).[5]
z. B. Der Beklagte hat am 1.7.2018 in der Münchner Gastwirtschaft „Laterne" von den Klägern je 17.000,– € als Darlehen mit einem Zinssatz von 8 % erhalten und dabei Rückzahlung bis zum 30.11.2018 versprochen.

Beweis: Max Biermann, Gastwirt, Leopoldstr. 28,
80802 München, als Zeuge.

Das Gesetz verlangt zwar keine Rechtsausführungen, in der Praxis sind sie jedoch dringend zu empfehlen und in Anwaltsschriftsätzen eine Selbstverständlichkeit. In jedem Fall sind Tatsachenbehauptungen und Rechtsausführungen erkennbar zu trennen. Die Klageschrift soll auch die Angabe enthalten, ob der Klageerhebung der Versuch einer Mediation oder eines anderen Verfahrens der außergerichtlichen Konfliktbeilegung vorausgegangen ist, sowie eine Äußerung dazu, ob einem solchen Verfahren Gründe entgegenstehen (§ 253 Abs. 3 Nr. 1 ZPO).
Abschließend soll bei Klagen zum Landgericht dazu Stellung genommen werden, ob einer Entscheidung der Sache durch den Einzelrichter (§ 348 ZPO) Gründe entgegenstehen (§ 253 Abs. 3 Nr. 3 ZPO).

Müller-Haenisch
(Dr. Müller-Haenisch)
Rechtsanwalt

Anmerkungen

1. Im Beispielsfall handelt es sich um vertraglich vereinbarte Zinsen (§ 288 Abs. 3 BGB). Für Verzugszinsen wäre entsprechend § 288 Abs. 1 BGB zu formulieren, wobei § 291 BGB für den Beginn des Zinslaufs zu beachten ist.
   In den Klagantrag können gegebenenfalls auch noch außergerichtliche Rechtsverfolgungskosten (nicht angerechnete Anwaltsgebühren, Nr. 2300 VV-RVG i. V. m. Vorb. 3 Abs. 4 VV-RVG) aufgenommen werden.

2. Anträge zur Kostenentscheidung und auf vorläufige Vollstreckbarkeit sind – im Gegensatz zu Vollstreckungserleichterungsanträgen (vgl. § 714 ZPO) – entbehrlich, aber üblich.

3. Ein vorsorglicher Schuldnerantrag nach § 712 ZPO und die Gläubigeranträge nach § 710 ZPO und § 711 Satz 3 ZPO sind im Antrag entsprechend dem Gesetzeswortlaut zu formulieren; in der Begründung sind die erforderlichen Tatsachen vorzutragen und glaubhaft zu machen (§ 714 Abs. 2 ZPO).

4. Vgl. §§ 276 Abs. 1 Satz 1, 331 Abs. 3 ZPO.

5. Beachte: § 296 Abs. 2 ZPO.

Nr. 8. Klageerwiderung

Karina Kleinknecht
Rechtsanwältin

81675 München, 11.2.2019
Schlosserstraße 11

An das
Landgericht München I
– 3. Zivilkammer –

In Sachen Frisch u. Hebel (Proz. Bev. RA. Dres. Habscheid u. Koll.) . /. Neuberger wegen Forderung[1]

Az: 3 O 1165/19

zeige ich an, dass ich den Beklagten vertrete.

Ich werde beantragen:

Die Klage wird abgewiesen.

Evtl.: Vorsorglich erbitte ich Vollstreckungsschutz gemäß § 712 Abs. 1 Satz 2 ZPO.[2]

Begründung:

Eventuell Ausführungen zur Unzulässigkeit der Klage.
Erklärungen zu den vom Kläger behaupteten Tatsachen (§ 138 Abs. 2–4 ZPO) sowie eigener substantiierter Tatsachenvortrag (§ 138 Abs. 1 ZPO) mit jeweils dazu gehörigen Beweisantritten (§§ 282, 277 ZPO).[3]

Etwaige Einreden (z. B. die Verjährungseinrede) sind ausdrücklich zu erheben. Das Gesetz fordert zwar keine Rechtsausführungen, in der Praxis sind sie jedoch dringend zu empfehlen und in Anwaltsschriftsätzen eine Selbstverständlichkeit.

Abschließend ist in Prozessen vor dem Landgericht dazu Stellung zu nehmen, ob der Entscheidung der Sache durch den Einzelrichter (§ 348 ZPO) Gründe entgegenstehen (§ 277 Abs. 1 Satz 2 ZPO).

Kleinknecht
(Kleinknecht)
Rechtsanwältin

Anmerkungen

1. Im Gegensatz zur Klageschrift reicht bei der Klageerwiderung ein Kurzrubrum.
2. Der Schuldnerschutzantrag ist genau zu bezeichnen; die tatsächlichen Voraussetzungen sind in der Begründung vorzutragen und glaubhaft zu machen (§ 714 Abs. 2 ZPO).
3. Beachte: § 296 Abs. 2 ZPO.

Nr. 9. Streitverkündungsschrift

Dr. Hanna Scherff 20355 Hamburg, 14.3.2019
Rechtsanwältin Kaiser-Wilhelm-Str. 36

An das
Landgericht Hamburg
Zivilkammer 2

Az: 2 O 71/17

Streitverkündung

In Sachen
Erika Ronnefeld,
Friedrich-Ebert-Str. 121, 22459 Hamburg,
– Klägerin –

Prozessbevollmächtigte: Rechtsanwältin Dr. Scherff, Kaiser-Wilhelm-Str. 36, 20355 Hamburg,

gegen

Dr. med. Ehrenfried Hamann,
Bergmannstr. 28, 22419 Hamburg,
– Beklagter –

Prozessbevollmächtigte: Rechtsanwälte Pelzer und Dr. Steindorff, Masenkamp 5, 22419 Hamburg,

verkünde ich namens und in Vollmacht der Klägerin

Dr. med. Hansjörg Hofmann,
Wiesenstr. 81, 33729 Bielefeld,
– Streitverkündeter –

den Streit mit der Aufforderung,

dem Rechtsstreit aufseiten der Klägerin beizutreten.

Sollte die Klage wider Erwarten abgewiesen werden, so hat die Klägerin einen Anspruch gegen den Streitverkündeten auf Schadensersatz, denn … *(folgt Darlegung der Tatsachen zur Anspruchsgrundlage).*

Der Streitverkündung sind als Anlagen die Klageschrift vom 13.1.2019 und die Klageerwiderung vom 11.2.2019 beigefügt. Das Gericht hat der Klägerin aufgegeben, zum Klageerwiderungsschriftsatz bis zum 5.3.2019 Stellung zu nehmen. Termin zur mündlichen Verhandlung ist auf den 22.3.2019 um 9.00 Uhr vor dem Landgericht

Hamburg, Zivilkammer 2, Sievekingplatz 1, 20355 Hamburg, Ziviljustizgebäude, Raum 801, anberaumt worden.[1, 2]

Scherff
(Dr. Scherff)
Rechtsanwältin

Anmerkungen

1. Zum gebotenen Inhalt vgl. § 73 Satz 1 ZPO.
2. Die Zustellung nach § 73 Satz 2 ZPO erfolgt gemäß § 166 ZPO von Amts wegen.

Nr. 10. Antragsschrift im Ehescheidungsverfahren

Dr. Erika Schulz 18.7.2019
Fachanwältin für Familienrecht
Papiererstraße 19
84028 Landshut

An das
Amtsgericht Landshut
– Familiengericht –
Maximilianstraße 28
84028 Landshut

Antragsschrift[1]

In dem Verfahren
Christa Ottmann, Gabelsbergerstraße 3, 84030 Landshut
– Antragstellerin –
Verfahrensbevollmächtigte: Rechtsanwältin Dr. Erika Schulz, Papiererstr. 19, 84028 Landshut

gegen

Franz Ottmann, Verkaufsleiter, Franz-Marc-Straße 5, 84034 Landshut
– Antragsgegner –

wegen Ehescheidung u. a.

zeige ich unter Vorlage einer besonderen Vollmacht[2] die Vertretung der Antragstellerin an. Namens und in Vollmacht der Antragstellerin wird beantragt[3]:

I. Die am 9. September 2007 vor dem Standesamt Landshut (Heiratsregister 321/2007) geschlossene Ehe der Antragstellerin und des Antragsgegners wird geschieden.
II. Der Versorgungsausgleich wird durchgeführt.
III. Die elterliche Sorge für das gemeinschaftliche Kind Florian Ottmann, geboren am 3. April 2014, wird auf die Antragstellerin allein übertragen.
IV. Hinsichtlich der Folgesachen nachehelicher Unterhalt und Kindesunterhalt:
   1. Der Antragsgegner hat der Antragstellerin erschöpfende Auskunft über die Höhe seines Einkommens für die Monate Juli 2018 bis Juni 2019 sowie seine Einkünfte aus Vermietung und Verpachtung sowie aus Kapitalvermögen im Jahr 2018 zu erteilen sowie die Auskünfte zu belegen durch:
      – Vorlage der Verdienstabrechnungen für die Monate Juli 2018 bis Juni 2019
      – Einkommensteuerbescheid 2018 nebst Einkommensteuererklärung und Anlagen zur Einkommensteuererklärung 2018, die allein dem Antragsgegner vorliegen
      – Zinsbescheinigung der kontoführenden Kreditinstitute
      – Vorlage der Mietverträge nebst Mieterhöhungsverlangen und Betriebs-/Nebenkostenabrechnung 2018

2. sowie die Vollständigkeit und Richtigkeit dieser Auskunft an Eides Statt zu versichern.[4]
3. Der Antragsgegner wird verpflichtet, monatlich im Voraus ab dem auf die Rechtskraft der Scheidung gem. Ziff. I folgenden Monat an die Antragstellerin den sich nach dieser Auskunft ergebenden nachehelichen Unterhalt sowie für das gemeinschaftliche Kind Florian, geboren am 3.4.2014, den sich aus dieser Auskunft gem. Ziff. 1 ergebenden Kindesunterhalt zu bezahlen.

V. Hinsichtlich der Folgesache Zugewinnausgleich:

1. Der Antragsgegner hat der Antragstellerin erschöpfende Auskunft über den Bestand seines Vermögens am Tag der Zustellung (Rechtshängigkeit) dieses Antrages, zum … (Tag der Trennung) und zum Zeitpunkt der Eheschließung am 9.9.2007 durch Erstellung eines übersichtlichen, nach Aktiva und Passiva geordneten Verzeichnisses zu erteilen und die Auskunft zu belegen wie folgt:[5]

   …
2. die Vollständigkeit und die Richtigkeit dieser Auskunft an Eides statt zu versichern.
3. Der Antragsgegner wird verpflichtet, an die Antragstellerin den sich nach dieser Auskunft ergebenden Zugewinnausgleich zu bezahlen. Die Anordnung der sofortigen Wirksamkeit wird beantragt.

VI. Hinsichtlich Ziff. IV und V wird sowohl bezüglich der Verpflichtung zur Erteilung der Auskunft als auch bezüglich der Verpflichtung zur Zahlung von Unterhalt bzw. Zugewinnausgleich die sofortige Wirksamkeit angeordnet.

VII. Die Kosten des Verfahrens werden gegeneinander aufgehoben.

vorläufiger Verfahrenswert: …[6]

Gründe:

Zum Antrag I:
Die Antragstellerin, geb. am 23.7.1978 in Traunstein, deutsche Staatsangehörige, hat mit dem am 12.2.1976 in Nürnberg geborenen Antragsgegner am 9.9.2007 vor dem Standesamt Landshut die Ehe geschlossen. Auch der Antragsgegner ist deutscher Staatsangehöriger.
Beweis: anliegende Heiratsurkunde[7]
Aus der Ehe ist das am 3.4.2014 geborene Kind Florian hervorgegangen, welches seit der Trennung der Beteiligten bei der Antragstellerin lebt[8].
Beweis: anliegende Geburtsurkunde[9]
Folgen Ausführungen zur Zerrüttung der Ehe, Dauer des Getrenntlebens, Zustimmung des Antragsgegners zur Scheidung oder Angabe der Gründe, die eine Fortsetzung der Ehe als unzumutbare Härte erscheinen lassen, je nachdem, ob der Scheidungsantrag auf die § 1566 Abs. 1 oder Abs. 2 oder auf § 1565 Abs. 2 BGB gestützt wird.
Das Amtsgericht Landshut ist sachlich und örtlich ausschließlich zuständig, §§ 23a I 1 Nr. 1, S. 2 GVG, 122 Nr. 1 FamFG und zwar als Familiengericht, § 23b I GVG.
Eine Regelung über die Ehewohnung und die Haushaltssachen wurde bereits getroffen. Gleiches gilt für den Umgang.[10]

Eine einstweilige Anordnung zur Regelung des Kindes- und Trennungsunterhalts ist bereits vor dem Amtsgericht – Familiengericht – Landshut – unter dem Aktenzeichen 5 F 987/18 anhängig[11].

Zum Antrag II:
Der Versorgungsausgleich ist von Amts wegen durchzuführen, § 137 II 2 FamFG.

Zum Antrag III:
Folgen Ausführungen, aus welchen Gründen die Aufhebung der gemeinschaftlichen elterlichen Sorge und die Übertragung auf die Antragstellerin dem Wohl des Kindes am besten entspricht, § 1671 BGB.

Zum Antrag IV:
Folgen Ausführungen zu den vermuteten Einkünften des Antragsgegners und zur Schwierigkeit der Antragstellerin, Einblick in diese Einkünfte zu bekommen, sowie Angaben über die eigenen Einkünfte.

Zum Antrag V:
Folgen Ausführungen zum vermuteten Vermögen des Antragsgegners zur Zeit der Beendigung des Güterstandes sowie zu seinem Anfangsvermögen und zum Anfangs- und Endvermögen der Antragstellerin[12].

Zum Antrag VI:
Folgen Ausführungen zu § 150 Abs. 1 (evtl auch zu Abs. 4, soweit eine anderweitige Kostenfolge beantragt wird) FamFG.
Es wird beantragt, die gesamte Auseinandersetzung im Verbundverfahren (§ 137 FamFG) zu regeln. Ich bitte um Bestimmung eines möglichst nahen Termins zur mündlichen Verhandlung.

Schulz
Dr. Erika Schulz
(Rechtsanwältin)

Anmerkungen

1. § 133 FamFG.

2. § 114 Abs. 1, Abs. 5 S. 1 FamFG.

3. Die Anträge sind je nach Familien- und Ehesituation sehr unterschiedlich. Ein Katalog der möglichen Regelungsgegenstände findet sich in § 111 FamFG. § 137 FamFG regelt ergänzend hierzu den Verbund und damit die Frage, welche Regelungsgegenstände im Verbund als Folgesachen geltend gemacht werden können. Stufenanträge (IV, V) können ebenfalls als Folgesachen geltend gemacht werden. Das Auskunftsverlangen ist zwar nicht der Regelfall, aber bei freiberuflich tätigen Antragsgegnern und längerem Getrenntleben der Eheleute nicht selten.
Die Antragsschrift (§ 133 FamFG) im Verbund (§ 137 FamFG), wie sie das Formular darstellt, ist für den Anwalt wohl schreibtechnisch und organisatorisch die einfachste Lösung. Er schafft dem Gericht aber vor allem dann, wenn Folgesachen aus dem Verbund gelöst werden, erhebliche Probleme in der Aktenführung. Deswegen wird teilweise von den Familiengerichten gewünscht, Scheidungsantrag und Folgesachenanträge in je einem getrennten Schriftsatz vorzulegen. Ein Anspruch darauf besteht aber nicht.
Einen Kompromiss stellt es dar, wenn die Anträge hinsichtlich der Folgesachen nicht vorab vor der Begründung formuliert werden, sondern jeweils einem abgetrennten Abschnitt

vorangestellt werden (z.B. unter III) und sich dann die tatsächlichen und rechtlichen Gründe anschließen.

4. Vgl. §§ 1580, 1605 BGB; zum Umfang vgl. §§ 259, 260 BGB. Zur eidesstattlichen Versicherung vgl. §§ 259 Abs. 2, 3, 260 Abs. 2, 3 BGB.
5. vgl. §§ 1379, 259, 260 BGB
6. vgl. §§ 43, 44, 53 FamGKG
7. § 133 Abs. 2 FamFG.
8. § 133 Abs. 1 Nr. 1 FamFG.
9. § 133 Abs. 2 FamFG.
10. Notwendige Erklärung gemäß § 133 Abs. 1 Nr. 2 FamFG. Andernfalls ist der Scheidungsantrag bereits unzulässig.
11. § 133 Abs. 1 Nr. 3 FamFG.
12. Vgl. §§ 1372ff. BGB, insbesondere § 1379 BGB (Auskunftspflicht bezüglich Anfangs- und Endvermögen sowie Vermögen zum Zeitpunkt der Trennung!).

Nr. 10a. Antrag auf Erlass einer einstweiligen Anordnung gemäß §§ 49ff. FamFG

Dr. Erika Schulz
FAFamR
Papiererstraße 19
84028 Landshut

8.3.2019

An das
Amtsgericht Landshut
– Familiengericht –
Maximilianstraße 28
84028 Landshut

in Sachen

Christa Ottmann, Hausfrau, Gabelsbergerstraße 3, 84030 Landshut,
– Antragstellerin –

Verfahrensbevollmächtigter: Rechtsanwältin Dr. Erika Schulz,
Papiererstraße 19, 84028 Landshut

gegen

Franz Ottmann, Verkaufsleiter, Franz-Marc-Strasse 5, 84034 Landshut
– Antragsgegner –

wegen Kindes- und Ehegattenunterhalt; hier: Erlass einer einstweiligen Anordnung

zeige ich unter Vollmachtsvorlage die Vertretung der Antragstellerin an und beantrage im Wege der einstweiligen Anordnung gem. §§ 49ff., 246 FamFG:

1. Der Antragsgegner wird verpflichtet, an die Antragstellerin für das gemeinsame minderjährige Kind Florian, geb. am 3.4.2014, einen monatlich im Voraus fälligen Kindesunterhalt in Höhe von 100% des Mindestunterhalts gemäß § 1612a BGB der jeweiligen Altersstufe, abzüglich der Hälfte des gesetzlichen Kindergelds für ein erstes Kind von derzeit 102,– €, Zahlbetrag somit derzeit 252,– € zu bezahlen.
2. Der Antragsgegner wird verpflichtet, an die Antragstellerin monatlich im Voraus einen Ehegattentrennungsunterhalt in Höhe von 400,– € zu bezahlen.
3. Der Antragsgegner trägt die Kosten des Verfahrens.
4. Die sofortige Wirksamkeit der Entscheidung hinsichtlich der Ziffern 1 und 2 wird angeordnet.[1]
5. Der Verfahrenswert wird festgesetzt auf:[2]

Begründung:

I.

In tatsächlicher Hinsicht ist auszuführen:

Die Beteiligten sind seit … getrennt lebende Eheleute. Aus der Ehe ist das am 3.4.2014 hervorgegangene Kind Florian hervorgegangen. Dies wird von der Antragstellerin betreut, die auch das staatliche Kindergeld bezieht. Der Antragsgegner verfügt über folgendes Einkommen …

Glaubhaftmachung.[3]

Ein Hauptsacheverfahren zum laufenden Unterhalt ist bisher nicht anhängig. Die Beteiligten konnten sich über den Unterhalt bisher nicht verständigen. Der Antragsgegner wurde ausweislich der beigefügten Korrespondenz zur Unterhaltszahlung aufgefordert. Er leistet gleichwohl keinen Unterhalt.

II.

In rechtlicher Hinsicht ist auszuführen:

Das Gericht ist nach §§ … zuständig.[4]

Der Antragsgegner schuldet Minderjährigenunterhalt und Ehegattenunterhalt nach den Vorschriften der §§ 1601 ff., 1361 BGB. Es handelt sich hier um einen Fall der gesetzlichen Verfahrensstandschaft, § 1629 Abs. 3 S. 1 BGB. Die Antragstellerin erhält das gesetzliche Kindergeld. Dieses ist dem Antragsgegner hälftig gemäß § 1612b BGB gutzuschreiben. (alternativ: Er leistet nur folgenden unzureichenden monatlichen Unterhalt in Höhe von … €, der sich wie folgt aufschlüsselt …). … *(weitere rechtliche Ausführungen)*

Der Antrag umfasst zunächst den laufenden Unterhalt, der sich aus den dokumentierten Einkommensverhältnissen mindestens ergibt. Ein Verzicht auf weiteren endgültigen Unterhalt ist damit nicht verbunden.

III.

Nebenentscheidungen

Unterschrift
(Rechtsanwältin)

Anmerkungen

1. Die Anordnung der sofortigen Wirksamkeit beruht auf §§ 51 Abs. 2, 116 Abs. 3 FamFG. Sie kann nur Bedeutung erlangen, wenn die einstweilige Anordnung entgegen § 246 FamFG ohne mündliche Verhandlung ergeht. Sie wird dann nicht formell rechtskräftig, da jederzeit erneute Entscheidung gem. § 54 Abs. 2 FamFG beantragt werden kann. Es erscheint aber auch vertretbar, Ziff. 4 wegzulassen unter Berufung darauf, dass die sofortige Wirksamkeit aus dem Wesen der einstweiligen Anordnung als Entscheidung im vorläufigen Rechtsschutz folgt.
2. Vgl. § 57 FamGKG.
3. Vgl. § 51 Abs. 1 Satz 2 FamFG.
4. Vgl. § 50 FamFG.

Nr. 11. Beweisbeschluss

Landgericht Lüneburg
Az: 13 O 187/19

In Sachen
Hans Henschel, Bachstr. 5, 21337 Lüneburg,
– Kläger –

Prozessbevollmächtigter: Rechtsanwalt Dr. Lohse, Meisenstr. 50, 21337 Lüneburg,

gegen

Ludwig Quaden, Jahnring 16, 21335 Lüneburg
– Beklagter –

Prozessbevollmächtigte: Rechtsanwälte Dres. Thießen und Lemm, Marktplatz 1, 21335 Lüneburg,

erlässt das Landgericht Lüneburg, Zivilkammer 13, durch Richterin am Landgericht Mundt als Einzelrichterin auf Grund der mündlichen Verhandlung vom 18.4.2019 (*oder:* im schriftlichen Verfahren, in dem Schriftsätze bis zum … eingereicht werden konnten; *oder:* nach Lage der Akten am …)[1] folgenden

Beschluss:[2]

I. Es wird Beweis erhoben über die Behauptungen des Klägers,
 1. …
 2. …
 durch Vernehmung der Zeugen
 a) Karl Hofer, Magdeburger Str. 14, Lüneburg, zu 1) und 2),
 b) Norbert Hell, Hochstr. 112, Lüneburg, zu 2).

II. Es wird Beweis erhoben über die Behauptung des Beklagten,
 …
 durch Vernehmung des Zeugen
 Karl-Heinz Müller, Kolberger Str. 18, Lüneburg.

III. Die Ladung der Zeugen wird davon abhängig gemacht, dass die Parteien binnen drei Wochen bei Gericht einen Auslagenvorschuss von je 120,– € für jeden von ihnen benannten Zeugen einzahlen oder Entschädigungsverzichtserklärungen der Zeugen einreichen.[3]

IV. Termin zur Beweisaufnahme und Fortsetzung der mündlichen Verhandlung wird bestimmt auf Montag, 19. Juni 2019, um 9.00 Uhr im Zimmer 113 des Landgerichtsgebäudes.

V. Das persönliche Erscheinen des Klägers und des Beklagten zu diesem Termin wird angeordnet.[4, 5]

Mundt
(Mundt)
Richterin am
Landgericht

Anmerkungen

1. § 329 ZPO enthält keine Vorschrift über das Rubrum; § 313 ZPO wird nicht für entsprechend anwendbar erklärt. Deshalb ist bei vielen Gerichten für Beweisbeschlüsse folgendes gekürzte Rubrum üblich:

   LG Lüneburg
   Az. 13 O 187/19

   In dem Rechtsstreit

Hans Hentschel (RA Dr. Lohse)	./.	Ludwig Quaden (RAe. Dr. Theißen u. Koll.)

   erlässt das LG Lüneburg – Zivilkammer 13 – folgenden

   Beweisbeschluss

2. Das Gericht kann auch schon vor der mündlichen Verhandlung einen Beweisbeschluss erlassen und ausführen (§ 358a ZPO).

3. Vgl. § 379 ZPO.

4. Die Anordnung des persönlichen Erscheinens der Parteien ist nicht zwingend, aber oft zweckmäßig, § 141 ZPO.

5. Als weitere Anordnungen kommen in Betracht:
   - Sachverständigenbeweis mit präziser Fragestellung und fallbezogenen Weisungen über Art und Umfang der Tätigkeit des Sachverständigen, § 404a ZPO,
   - gerichtlicher Augenschein, § 371 ZPO,
   - Fristsetzung, ein Hindernis für die Beweisaufnahme zu beseitigen, z. B. einen mit N. N. bezeichneten Zeugen mit Namen und Anschrift zu benennen oder ein Objekt zugänglich zu machen, § 356 ZPO,
   - Anordnung der Urkundenvorlegung durch eine der Parteien oder durch Dritte, soweit dies dem Dritten zumutbar ist und er nicht ein Zeugnisverweigerungsrecht hat, § 142 Abs. 1 und 2 ZPO,
   - Anordnungen nach § 144 Abs. 1 Satz 2 ZPO gegenüber Dritten, Gegenstände vorzulegen oder die Anordnung, Augenschein und Begutachtung durch Sachverständige zu dulden, § 144 Abs. 1 Satz 3 ZPO.

Nr. 12. Urteil erster Instanz

Landgericht Frankfurt/Main
Az: 1 O 1575/18

Im Namen des Volkes

In dem Rechtsstreit

Fa. Georg Nell, Baumaschinen GmbH, Fichtestr. 27, 60316 Frankfurt/Main, gesetzlich vertreten durch ihren Geschäftsführer Franz Gebhard, Fichtestr. 27, 60316 Frankfurt/Main,

– Klägerin –[1]
Prozessbevollmächtigter: Rechtsanwalt Dr. Paul Fechter,
Hauptwache 3, 60313 Frankfurt/Main,

gegen

Hans Ludwig, Kaufmann, Bremer Str. 25, 60323 Frankfurt/Main,
– Beklagter –[1]

Prozessbevollmächtigter: Rechtsanwalt Dr. Kurt Scharf, Gellertstr. 54,
60389 Frankfurt/Main,

wegen Forderung aus einem Bauvertrag

erlässt das Landgericht Frankfurt/Main, 1. Zivilkammer, durch Vorsitzenden Richter am Landgericht Dr. Stamm, die Richterin am Landgericht Dr. Berner und den Richter am Landgericht Weiß (*oder:* Richterin am Landgericht Dr. Berner als Einzelrichterin) auf Grund der mündlichen Verhandlung vom 3.4.2019 (*oder:* im schriftlichen Verfahren, in dem Schriftsätze bis zum … eingereicht werden konnten; *oder:* nach Lage der Akten am …) folgendes

Endurteil:[2, 3]

I. Der Beklagte wird verurteilt, an die Klägerin 40.000,– € (i.W. vierzigtausend Euro) nebst Zinsen hieraus in Höhe von 5 Prozentpunkten über dem jeweiligen Basiszinssatz seit 10.5.2018 zu zahlen. Im Übrigen wird die Klage abgewiesen.

II. Von den Kosten des Rechtsstreits hat der Beklagte $^3/_4$, die Klägerin $^1/_4$ zu tragen.

III. Das Urteil ist vorläufig vollstreckbar, für die Klägerin jedoch nur gegen Sicherheitsleistung in Höhe von 110 % des jeweils beizutreibenden Betrages. Die Klägerin kann die Vollstreckung durch Sicherheitsleistung von 110 % des aufgrund des Urteils vollstreckbaren Betrages abwenden, wenn nicht der Beklagte vor der Vollstreckung Sicherheit in Höhe von 110 % des zu vollstreckenden Betrages leistet.[4]

Tatbestand:[5]

- *Einleitungssatz, z. B.* Die Parteien streiten über Schadensersatzansprüche aus einem Verkehrsunfall.
- *Unstreitiger Sachverhalt (Imperfekt)*
- *Die bestrittenen Tatsachenbehauptungen des Klägers und die Andeutung seiner Rechtsansichten (Präsens, indirekte Rede)*[6]
- *Die Prozessgeschichte, soweit sie auf die Anträge der Parteien von Einfluss gewesen ist (Verweisung des Rechtsstreits an ein anderes Gericht, vorangegangenes Versäumnisurteil, Teil- oder Vorbehaltsurteil u. ä.) (Perfekt)*
- *Die zuletzt gestellten Anträge des Klägers und des Beklagten (Präsens) – hervorgehoben! –*
- *Verteidigungsvorbringen des Beklagten bestehend aus Tatsachenvortrag und kurzen Rechtsausführungen (Präsens, indirekte Rede)*[6]
- *gegebenenfalls Erwiderung des Klägers und des Beklagten (Präsens)*[6]
- *Prozessgeschichte, soweit sie noch für die Entscheidung erheblich ist, insbes. Beweisbeschlüsse und Beweisergebnis in der Form der Bezugnahme auf Sitzungsprotokolle (Perfekt).*

Entscheidungsgründe:

- *Zulässigkeit der Klage*
- *Begründetheit der Klage*
- *Kostenentscheidung*
- *Entscheidung über die vorläufige Vollstreckbarkeit.*

Rechtsbehelfsbelehrung *(nicht zwingend bei Verfahren mit Anwaltszwang)*[7]

Gegen die Entscheidung kann das Rechtsmittel der Berufung eingelegt werden. Die Berufung ist nur zulässig, wenn der Wert des Beschwerdegegenstands 600 Euro übersteigt oder das Gericht des ersten Rechtszuges die Berufung im Urteil zugelassen hat.
Die Berufung ist binnen einer Notfrist von ***einem Monat*** *bei dem*

Oberlandesgericht Frankfurt, Zeil 42, 60313 Frankfurt am Main

einzulegen.
Die Frist beginnt mit der Zustellung der vollständigen Entscheidung, spätestens mit Ablauf von fünf Monaten nach der Verkündung der Entscheidung.
Die Berufung muss mit Schriftsatz durch eine Rechtsanwältin oder einen Rechtsanwalt eingelegt werden. Die Berufungsschrift muss die Bezeichnung der angefochtenen Entscheidung und die Erklärung enthalten, dass Berufung eingelegt werde.
Die Berufung muss binnen zwei Monaten mit Anwaltsschriftsatz begründet werden. Auch diese Frist beginnt mit der Zustellung der vollständigen Entscheidung.
Gegen die Entscheidung, mit der der Streitwert festgesetzt worden ist, kann Beschwerde eingelegt werden, wenn der Wert des Beschwerdegegenstands 200 Euro übersteigt oder das Gericht die Beschwerde zugelassen hat.
Die Beschwerde ist binnen ***sechs Monaten*** *bei dem*

Landgericht Frankfurt/Main, Gerichtsstr. 2, 60313 Frankfurt am Main

einzulegen.

Die Frist beginnt mit Eintreten der Rechtskraft der Entscheidung in der Hauptsache oder der anderweitigen Erledigung des Verfahrens. Ist der Streitwert später als einen Monat vor Ablauf der sechsmonatigen Frist festgesetzt worden, kann die Beschwerde noch innerhalb eines Monats nach Zustellung oder formloser Mitteilung des Festsetzungsbeschlusses eingelegt werden. Im Fall der formlosen Mitteilung gilt der Beschluss mit dem dritten Tage nach Aufgabe zur Post als bekannt gemacht.
Die Beschwerde ist schriftlich einzulegen oder durch Erklärung zu Protokoll der Geschäftsstelle des genannten Gerichts. Sie kann auch vor der Geschäftsstelle jedes Amtsgerichts zu Protokoll erklärt werden; die Frist ist jedoch nur gewahrt, wenn das Protokoll rechtzeitig bei dem oben genannten Gericht eingeht. Eine anwaltliche Mitwirkung ist nicht vorgeschrieben.

Stamm	*Berner*	*Weiß*
(Dr. Stamm)	(Dr. Berner)	(Weiß)
Vors. Richter am LG	Richterin am LG	Richter am LG

oder im Fall des § 348 oder des § 348a ZPO:

Berner
(Dr. Berner)
Richterin am Landgericht

Anmerkungen

1. **Streithelfer** (= Nebenintervenienten) werden nach der Partei aufgeführt, der sie beigetreten sind, also beispielsweise nach dem Kläger:
„Streithelfer: Karl May, ... *Anschrift* ...
Prozessbevollmächtigter: Rechtsanwalt Martin Berger,
Anschrift"
Streitverkündete, die dem Rechtsstreit nicht beigetreten sind, erscheinen im Rubrum nicht, § 74 Abs. 2 ZPO.
Mehrere Parteien auf einer Seite (Streitgenossen) werden meist untereinander mit vorangestellten arabischen Ziffern aufgeführt.

2. **Beispiele für Urteilsformeln**
   A. Entscheidung über Hauptantrag
      a) Das Leistungsurteil
         I. Der Beklagte wird verurteilt, an den Kläger 15.000,– € nebst 7,68 % Zinsen hieraus seit 1.6.2018 zu bezahlen.
      b) Das Feststellungsurteil
         I. Es wird festgestellt, dass zwischen den Parteien am 15.5.2004 ein wirksamer Erbvertrag geschlossen wurde.
      c) Das Gestaltungsurteil
         I. Der Beklagte wird aus der Fa. Karl Müller OHG als Gesellschafter ausgeschlossen.
         oder
         I. Die Zwangsvollstreckung aus dem Endurteil des Amtsgerichts München vom 20.1.2018 (Az: 5 C 162/17) wird für unzulässig erklärt.
   B. Entscheidung über die Kosten des Rechtsstreits
      (s. auch Thomas/Putzo/Hüßtege, Anm. zu §§ 91 ff. ZPO).
      a) Erfolglose Klage (§ 91 ZPO)
         II. Der Kläger hat die Kosten des Rechtsstreits zu tragen.

b) Teilunterliegen (§ 92 ZPO)
II. Die Kosten des Rechtsstreits werden gegeneinander aufgehoben.
oder:
II. Von den Kosten des Rechtsstreits hat der Beklagte 3/5, der Kläger 2/5 zu tragen. *(Die Kostenquote kann auch in % ausgedrückt werden.)*

c) Haftung nach Bruchteilen und bei Gesamtschuldverhältnis (§ 100 Abs. 1 und 4 ZPO)
II. Die Beklagten haben die Kosten des Rechtsstreits je zu 1/4 zu tragen.
oder:
II. Die Beklagten haben samtverbindlich die Kosten des Rechtsstreits zu tragen.

d) Unterschiedlicher Erfolg mehrerer Streitgenossen (§§ 91, 92 ZPO entspr.)
Fall: der Beklagte zu 1 obsiegt, der Beklagte zu 2 unterliegt ganz:
II. Die Gerichtskosten tragen der Kläger und der Beklagte zu 2 je zur Hälfte. Die außergerichtlichen Kosten des Beklagten zu 1 trägt der Kläger, die des Klägers trägt zur Hälfte der Beklagte zu 2.
Fall: die Beklagten zu 1 und 2 werden verurteilt, die Klage gegen den Beklagten zu 3 wird abgewiesen:
II. Von den Gerichtskosten tragen 2/3 samtverbindlich die Beklagten zu 1 und 2, der Kläger 1/3. Der Kläger trägt die außergerichtlichen Kosten des Beklagten zu 3. Die Beklagten zu 1 und 2 tragen samtverbindlich 2/3 der außergerichtlichen Kosten des Klägers.

e) Erfolglose Klage nach Wiedereinsetzung in den vorigen Stand für den Beklagten, Fall des § 238 Abs. 4 ZPO
II. Der Beklagte hat die Kosten der Wiedereinsetzung in den vorigen Stand zu tragen. Im Übrigen hat der Kläger die Kosten des Rechtsstreits zu tragen.

f) Nebenintervention (§ 101 Abs. 1 ZPO)
Fall: Der Nebenintervenient hat den Beklagten unterstützt; der Kläger obsiegt zu 1/3:
II. Der Kläger trägt die Kosten des Rechtsstreits und der Streithilfe zu je 2/3, der Beklagte die des Rechtsstreits zu 1/3, der Nebenintervenient die der Streithilfe zu 1/3.

C. Entscheidung über die vorläufige Vollstreckbarkeit

a) Ohne Sicherheitsleistung vorläufig vollstreckbare Urteile (§ 708 ZPO)
III. Das Urteil ist vorläufig vollstreckbar (§ 708 Nr. 1–3 oder § 713 ZPO)
oder:
III. Das Urteil ist vorläufig vollstreckbar. Der Beklagte kann die Vollstreckung durch Sicherheitsleistung in Höhe von 1000,– € abwenden, falls nicht der Kläger vor der Vollstreckung Sicherheit in gleicher Höhe leistet *(§§ 708 Nr. 4–11, 711 ZPO); bei Geldforderungen kann die Abwendungsbefugnis durch eine Sicherheitsleistung statt betragsmäßig in einem prozentualen Verhältnis zum jeweils zu vollstreckenden Betrag festgelegt werden (§ 711 Satz 2 ZPO), z. B. „Der Beklagte kann die Vollstreckung durch Sicherheitsleistung von 110 % des aus dem Urteil vollstreckbaren Betrages abwenden, wenn nicht der Kläger vor der Vollstreckung Sicherheit in Höhe von 110 % des jeweils zu vollstreckenden Betrages leistet.". (Der Zuschlag dient hier der Sicherung des Vollstreckungsgläubigers vor Schäden aus der Nichtvollstreckung.)*

b) Gegen Sicherheitsleistung vorläufig vollstreckbare Urteile (§ 709 ZPO oder § 712 Abs. 2 Satz 2 ZPO)
III. Das Urteil ist gegen Sicherheitsleistung in Höhe von 5100,– € vorläufig vollstreckbar.
Die Bestimmung von Art und Höhe der Sicherheitsleistung steht unter Berücksichtigung von § 717 Abs. 2 ZPO im freien Ermessen des Gerichts (§ 108 ZPO). Die Sicherheit berücksichtigt Hauptsache, Zinsen, vorgeschossene Gerichtskosten und Auslagen der Beweisaufnahme sowie die notwendigen außergerichtlichen Kosten, insbesondere Anwaltskosten, der vollstreckenden Partei. Dies muss aber nicht genau berechnet werden.
Soweit eine Geldforderung zu vollstrecken ist, genügt die Angabe in einem bestimmten Verhältnis zur Höhe des jeweils zu vollstreckenden Betrages (§ 709 Satz 2 ZPO),

z. B. „Das Urteil ist gegen Sicherheitsleistung in Höhe von 110% des jeweils zu vollstreckenden Betrages vorläufig vollstreckbar" oder „Das Urteil ist vorläufig vollstreckbar gegen Sicherheitsleistung im Verhältnis von sieben zu sechs des jeweils zu vollstreckenden Betrages".
Der Zuschlag soll geschätzte Schäden des Vollstreckungsschuldners aus der vorläufigen Vollstreckung (§ 717 Abs. 2 ZPO) absichern; er kann daher im Einzelfall höher oder niedriger zu bemessen sein.

c) Teilunterliegen; jeder Teil ist für sich zu behandeln, also im Fall des § 709 ZPO
III. Das Urteil ist vorläufig vollstreckbar, für den Kläger gegen Sicherheitsleistung in Höhe von 10.000,– €, für den Beklagten gegen eine solche in Höhe von 2800,– €.

3. Beispiele für Urteilsformeln in besonderen Urteilsarten

A. Urteil auf Klage und Widerklage

I. Der Beklagte wird verurteilt, an den Kläger 5000,– € zu zahlen.
II. Die Widerklage wird abgewiesen.
III. Der Beklagte hat die Kosten des Rechtsstreits zu tragen.
IV. Das Urteil ist gegen Sicherheitsleistung in Höhe von 7500,– € vorläufig vollstreckbar.

B. Urteil bei Klagenhäufung

a) Objektive Klagenhäufung (kumulativ, alternativ, eventual)
Fall: Hauptantrag unbegründet, Hilfsantrag begründet:
I. Der Beklagte wird verurteilt, an den Kläger einen fabrikneuen Pkw Marke VW Golf GTI zu übereignen. Im Übrigen wird die Klage abgewiesen.
II. Von den Kosten des Rechtsstreits hat der Beklagte $^3/_8$, der Kläger $^5/_8$ zu tragen.
III. … (vorläufige Vollstreckbarkeit) …

b) Subjektive Klagenhäufung
Fall: Der Beklagte zu 1 unterliegt, der Beklagte zu 2 obsiegt:
I. Der Beklagte zu 1 wird verurteilt, an den Kläger 800,– € zu zahlen. Im Übrigen wird die Klage abgewiesen.
II. Die Gerichtskosten tragen der Kläger und der Beklagte zu 1 je zur Hälfte. Die außergerichtlichen Kosten des Beklagten zu 2 trägt der Kläger, die des Klägers trägt zur Hälfte der Beklagte zu 1.
III. … (vorl. Vollstreckbarkeit, vgl. §§ 708 Nr. 11, 711 ZPO) …

C. Verzichtsurteil (§ 306 ZPO)

I. Der Kläger wird mit dem geltend gemachten Anspruch abgewiesen.
II. Der Kläger hat die Kosten des Rechtsstreits zu tragen.
III. … (vorl. Vollstreckbarkeit, vgl. § 708 Nr. 1) …

D. Versäumnisurteil (§§ 330 ff. ZPO)

a) Säumnis des Beklagten:
– Klage ist zulässig und schlüssig, Fall des § 331 Abs. 2 Halbsatz 1 ZPO (sog. erstes Versäumnisurteil):

Versäumnisurteil:

Urteilsformel wie oben A

– Klage ist nicht zulässig oder nicht schlüssig, Fall des § 331 Abs. 2 Halbsatz 2 ZPO (sog. unechtes Versäumnisurteil)

Endurteil:

I. Die Klage wird abgewiesen.
II. Der Kläger trägt die Kosten des Rechtsstreits.
III. … (vorl. Vollstreckbarkeit nach §§ 708 Nr. 11, 711 oder § 709 Satz 1 ZPO) …

b) Säumnis des Klägers, Fall des § 330 ZPO:

Versäumnisurteil:

I. Die Klage wird abgewiesen.
II. Der Kläger trägt die Kosten des Rechtsstreits.
III. Das Urteil ist vorläufig vollstreckbar.

c) Einspruch gegen Versäumnisurteil (§§ 338 ff. ZPO):

(1) Der Einspruch ist nicht zulässig, Fall des § 341 ZPO

Endurteil:

I. Der Einspruch des Beklagten gegen das Versäumnisurteil vom 17.3.2016 wird als unzulässig verworfen.
II. Der Beklagte trägt die weiteren Kosten des Rechtsstreits.
III. Das Urteil ist vorläufig vollstreckbar.

(2) Der Einspruch ist zulässig

(a) Der Einspruchsführer ist im Einspruchstermin erneut säumig, Fall des § 345 ZPO.

Zweites Versäumnisurteil:

I. Der Einspruch des Beklagten gegen das Versäumnisurteil vom 17.3.2018 wird verworfen.
II. Der Beklagte trägt die weiteren Kosten des Rechtsstreits.
III. Das Urteil ist vorläufig vollstreckbar.

(b) Es wird streitig verhandelt, aber inhaltlich gleiches Ergebnis wie Versäumnisurteil (§ 343 Satz 1 ZPO): – Fall: Das Versäumnisurteil verurteilte den Beklagten zur Zahlung von 4000,– € –

Endurteil:

I. Das Versäumnisurteil vom 17.3.2016 wird aufrechterhalten.
II. Der Beklagte hat die weiteren Kosten des Rechtsstreits zu tragen.
III. Das Urteil ist gegen Sicherheitsleistung von 5000,– € vorläufig vollstreckbar. Die Zwangsvollstreckung aus dem Versäumnisurteil darf nur fortgesetzt werden, wenn diese Sicherheit geleistet ist. *(Vgl. § 709 Satz 1 und 3 ZPO)*

(c) Es wird streitig verhandelt – mit inhaltlich teilweise anderem Ergebnis als Versäumnisurteil (§ 343 Satz 2 ZPO): – Fall: Das Versäumnisurteil verurteilte den Beklagten zur Zahlung von 10.000,– € –

Endurteil:

I. Das Versäumnisurteil vom 17.3.2018 wird aufrechterhalten, soweit der Beklagte verurteilt worden ist, an den Kläger 5000,– € nebst 7,68 % Zinsen hieraus seit 1.9.2017 zu zahlen.
II. Im Übrigen wird das Versäumnisurteil vom 17.3.2018 aufgehoben und die Klage abgewiesen.
III. Der Beklagte trägt die Kosten seiner Säumnis *(nur unter den Voraussetzungen des § 344 ZPO);* die übrigen Kosten werden gegeneinander aufgehoben.
IV. … (vorläufige Vollstreckbarkeit nach § 709 Satz 1 und 3 ZPO) …

(d) Es wird streitig verhandelt mit inhaltlich anderem Ergebnis als Versäumnisurteil: – Fall eines Versäumnisurteils gegen den Kläger –

I. Das Versäumnisurteil vom 17.3.2018 wird aufgehoben.
II. Der Beklagte wird verurteilt, an den Kläger den Pkw Marke VW, Fahrgestell Nr. 270.134, herauszugeben.
III. Der Kläger trägt die Kosten seiner Säumnis *(nur unter den Voraussetzungen des § 344 ZPO),* die übrigen Kosten trägt der Beklagte.

IV. Das Urteil ist für den Kläger gegen Sicherheitsleistung in Höhe von 8500,– € vorläufig vollstreckbar. Für den Beklagten ist das Urteil vorläufig vollstreckbar. Der Kläger kann die Vollstreckung durch Sicherheitsleistung in Höhe von 200,– € abwenden, wenn nicht der Beklagte vor der Vollstreckung Sicherheit in entsprechender Höhe leistet.

E. Vorbehaltsurteil

a) gemäß § 302 ZPO:

Vorbehaltsurteil

I. Der Beklagte wird verurteilt, an den Kläger 3000,– € nebst 7,68 % Zinsen hieraus seit 1.1.2018 zu zahlen.

II. Die Entscheidung über die Aufrechnung des Beklagten mit dessen Gegenforderung aus dem Kaufvertrag vom 10.3.2017 bleibt vorbehalten.

III. Der Beklagte hat die Kosten des Rechtsstreits zu tragen.

IV. Das Urteil ist gegen Sicherheitsleistung in Höhe von 3900,– € vorläufig vollstreckbar.

Das Endurteil im Nachverfahren lautet dann z. B.:

(1) wenn die Aufrechnung begründet ist:

Endurteil

I. Das Vorbehaltsurteil vom 25.4.2018 wird aufgehoben.

II. Die Klage wird abgewiesen.

III. Der Kläger hat die Kosten des Rechtsstreits zu tragen.

IV. … (vorl. Vollstreckbarkeit nach §§ 708 Nr. 11, 711 oder § 709 Satz 1 ZPO) …

(2) wenn die Aufrechnung unbegründet ist:

Endurteil

I. Das Vorbehaltsurteil vom 25.1.2018 wird aufrechterhalten; der Vorbehalt fällt weg.

II. Der Beklagte hat die weiteren Kosten des Rechtsstreits zu tragen.

III. … (vorl. Vollstreckbarkeit nach §§ 708 Nr. 11, 711 oder § 709 Satz 1 ZPO) …

b) gemäß § 599 ZPO:

Vorbehaltsurteil

I. Der Beklagte wird verurteilt, an den Kläger 1000,– € nebst 7,68 % Zinsen hieraus seit 1.1.2018 zu zahlen.

II. Der Beklagte hat die Kosten des Rechtsstreits zu tragen.

III. Das Urteil ist vorläufig vollstreckbar. Der Beklagte kann die Vollstreckung durch Sicherheitsleistung von … abwenden, wenn nicht der Kläger vor der Vollstreckung Sicherheit in gleicher Höhe leistet. *(Vgl. §§ 708 Nr. 4, 711 ZPO)*

IV. Dem Beklagten wird die Ausführung seiner Rechte vorbehalten.

Das Endurteil im Nachverfahren entspricht a) mit der Maßgabe, dass § 708 Nr. 5 ZPO zu beachten ist.

F. Grundurteil (§ 304 ZPO)

Der Anspruch des Klägers auf Ersatz seines Schadens aus dem Verkehrsunfall vom 21.1.2018 gegen den Beklagten ist dem Grunde nach gerechtfertigt *Oder:* … zu 2/3 gerechtfertigt.

G. Zwischenurteil

a) gemäß § 71 ZPO

Der Beitritt des Franz Deinhard als Nebenintervenient auf Seiten des Beklagten ist zulässig.

Oder:
I. Die Nebenintervention des Franz Deinhard wird als unzulässig zurückgewiesen.
II. Die Kosten des Zwischenstreits hat der Streithelfer zu tragen.

b) gemäß § 303 ZPO
Der am 20.4.2018 von den Parteien geschlossene Prozessvergleich ist unwirksam.

H. Abänderungsurteil (§ 323 ZPO)

I. Das Urteil des Amtsgerichts München vom 25.6.2018 (Az: 13 C 1027/18) wird mit Wirkung vom 1.4.2019 dahin abgeändert, dass der Beklagte an Stelle einer monatlichen Pachtzahlung von 300,– € an den Kläger eine solche von 400,– € monatlich im Voraus zu zahlen hat.
II. Der Beklagte hat die Kosten des Rechtsstreits zu tragen.
III. Das Urteil ist vorläufig vollstreckbar. *(Vgl. §§ 708 Nr. 8, 711 Satz 2, 710 ZPO bei entsprechendem Antrag.)*

J. Beschluss (§ 38 FamFG) in Familiensachen

I. Die am 10.5.1995 vor dem Standesbeamten in Würzburg geschlossene Ehe der Beteiligten wird geschieden.
II. *Ausspruch über Folgesachen* (vgl. Nr. 10).
III. Die Kosten des Verfahrens werden gegeneinander aufgehoben.

Oder:
I. Der Scheidungsantrag wird abgewiesen.
II. *Evtl.* Dem Antragsteller bleibt vorbehalten, den Antrag ... *(Folgesache)* ... als selbständige Familiensache fortzusetzen. *(Vgl. § 142 Abs. 2 Satz 3 FamFG)*
III. Der Antragsteller trägt die Kosten des Verfahrens.

4. Vgl. § 711 ZPO, aber auch § 713 ZPO.

5. Zum Tatbestand
Der Tatbestand soll knapp und aufs Wesentliche beschränkt dargestellt werden; Bezugnahmen auf Schriftsätze, Protokolle und andere Unterlagen dienen der Entlastung des Tatbestandes; vgl. § 313 Abs. 2 ZPO. Zum Aufbau vgl. Thomas/Putzo/Reichold § 313 ZPO Rn. 12ff.

6. Formulierung des Parteivorbringens
Tatsachen werden *behauptet, vorgebracht, vorgetragen usw.* Rechtsausführungen werden bezeichnet mit den Verben *meinen, folgern, der Ansicht sein, ausführen, die Auffassung vertreten usw.*

7. Nach dem Gesetz zur Einführung einer Rechtsbehelfsbelehrung im Zivilprozess und zur Änderung anderer Vorschriften vom 5.12.2012 (RechtsBehEG – BGBl. I S. 2418) ist seit 1.1.2014 die Neufassung des § 232 ZPO zu beachten.

Nr. 13. Rügeschrift nach § 321a ZPO

Dr. Beate Obermayer
Rechtsanwältin

85221 Dachau, 18.1.2019
Marktplatz 4

Rügeschrift nach § 321a ZPO[1]

An das

Amtsgericht Dachau
– Zivilgericht –

In dem Rechtsstreit Max Merkel ./. Fritz Unterberger
Aktenzeichen 10 C 732/2018

stelle ich namens des Beklagten den Antrag

I. Der Prozess vor dem Amtsgericht Dachau – Az. 10 C 732/2018 wird vor dem Amtsgericht Dachau fortgeführt.

II. Die Zwangsvollstreckung aus dem Endurteil des Amtsgerichts Dachau vom 11.1.2019 in dem genannten Verfahren wird einstweilen eingestellt.

Begründung[2]

Mit Endurteil vom 11.1.2019 hat das Amtsgericht Dachau den Beklagten zur Zahlung von 500,– € an den Kläger verurteilt.
Dieses Urteil ist, wie sich aus den Entscheidungsgründen (S. 3, 4. Absatz) ergibt, auf die vom Kläger nach dem Schluss der mündlichen Verhandlung eingereichte Abtretungserklärung der Fa. Albatros GmbH. vom 10.8.2018 gestützt. Der Beklagte hatte keine Gelegenheit, zu dieser Urkunde Stellung zu nehmen. Hätte er dazu Gelegenheit gehabt, hätte er folgendes vorgetragen … Das Gericht hätte dann voraussichtlich anders entschieden. Damit hat das Amtsgericht zu Lasten des Beklagten in entscheidungserheblicher Weise gegen das Gebot rechtlichen Gehörs (Art. 103 Abs. 1 GG) verstoßen.
Die Zwangsvollstreckung aus dem unter Verstoß gegen das Gebot rechtlichen Gehörs erlassenen Endurteil ist einstweilen einzustellen, § 707 Abs. 1 Satz 1, Abs. 2 ZPO.

Dr. Obermayer
(Dr. Obermayer)
Rechtsanwältin

Anmerkungen

1. Die Rügeschrift ist innerhalb einer Notfrist von 2 Wochen bei dem Gericht des ersten Rechtszugs einzureichen, § 321a Abs. 2 ZPO. Diese Frist beginnt mit der Zustellung des in vollständiger Form abgefassten Urteils, sofern der wesentliche Inhalt der Entscheidung im Protokoll enthalten ist (§ 313a Abs. 1 Satz 2 ZPO) erst dann, wenn auch dieses Protokoll zugestellt ist.

Ist die Rüge unzulässig, wird sie verworfen. Ist sie unbegründet, wird sie zurückgewiesen. Diese Entscheidungen ergehen durch einen kurz zu begründenden unanfechtbaren Beschluss (§ 321a Abs. 4 ZPO).
Ist die Rüge begründet, hilft ihr das Gericht ab und führt den Prozess, der in die Lage vor Schluss der mündlichen Verhandlung zurückversetzt ist, fort (§ 321a Abs. 5 ZPO).
Für die Fassung der erneuten Entscheidung gilt § 343 ZPO entsprechend (vgl. oben Nr. 12 Anm. 3 D c) (2) b, c, d).

2. Die Begründung **muss** enthalten
   - Die Bezeichnung des Prozesses, dessen Fortführung begehrt wird (§ 321a Abs. 2 Satz 5 ZPO), am besten durch Angabe von Parteien, Gericht und Aktenzeichen,
   - Die Darlegung des Vorgangs, in dem die Verletzung rechtlichen Gehörs zu Lasten der Partei gesehen wird (§ 321a Abs. 2 Satz 5 ZPO),
   - Die Darlegung der Entscheidungserheblichkeit dieses Vorgangs, am besten durch Zitat der entsprechenden Entscheidungsgründe (§ 321a Abs. 2 Satz 5 ZPO) und Darlegung, was die Prozesspartei bei Gewährung rechtlichen Gehörs vorgetragen hätte.

Nr. 14. Prozessvergleich

Protokoll

aufgenommen in öffentlicher Sitzung der 5. Zivilkammer des Landgerichts München I
am Dienstag, den 20.9.2018

In dem Rechtsstreit

Annemarie Sterz, Prälatenweg 17, 82319 Starnberg
– Klägerin –

Prozessbevollmächtigter: Rechtsanwalt Roland Berger, Waldstr. 6a, 82205 Gilching

gegen

Hans Eichler Bau GmbH, gesetzlich vertreten durch den Geschäftsführer Georg Eichler, Geyerstr. 20, 80469 München
– Beklagte –

Prozessbevollmächtigte: Rechtsanwälte Bernd Hinteregger und Koll.,
Prinzregentenplatz 24, 81675 München

Gegenwärtig:
Vorsitzende Richterin am Landgericht Dr. Stamm und die Richter am Landgericht Dr. Berner und Weiß

JAng Müller als Urkundsbeamtin der Geschäftsstelle

Bei Aufruf der Sache sind erschienen:
die Klägerin mit Rechtsanwalt Berger,
der Geschäftsführer der Beklagten, Georg Eichler mit Rechtsanwalt Hinteregger.

Nach Erörterung der Sach- und Rechtslage schließen die Parteien folgenden

Vergleich[1]

I. Die Beklagte verpflichtet sich, an die Klägerin einen Betrag von 42.000,– € nebst 8 % Zinsen p.a. daraus seit 1.8.2018 zu zahlen[2].

II. Der Beklagten wird gestattet, den Betrag in monatlichen Raten von 2000,– €, beginnend am 1.12.2018, fällig am jeweils ersten eines jeden Monats zu zahlen[3].

III. Kommt die Beklagte mit einem Betrag in Höhe von mehr als einer Rate länger als 10 Tage in Rückstand, so ist der jeweils geschuldete Restbetrag auf einmal fällig.

IV. Zahlt die Beklagte bis zum 1.11.2018 den Betrag von 30.000,– €, verzichtet die Klägerin auf ihre weitergehende Forderung einschließlich der darauf entfallenden Zinsen.

V. Die Kosten des Rechtsstreits (einschließlich der Kosten dieses Vergleichs) werden gegeneinander aufgehoben. Mit Erfüllung dieses Vergleichs sind sämtliche etwaigen gegenseitigen Ansprüche der Parteien abgegolten[4] und erledigt.

VI. Beiden Parteien bleibt der Widerruf dieses Vergleiches durch Anwaltsschriftsatz bis spätesten 1.10.2018 vorbehalten. Maßgebend ist der Eingang des schriftsätzlich übermittelten Widerrufs bei Gericht.

Vorgelesen und genehmigt[5]

Beschluss:

Für den Fall des Widerrufs dieses Vergleichs wird Termin zur Fortsetzung der mündlichen Verhandlung bestimmt auf Montag, 07. Januar 2019, Sitzungssaal 40. (oder: ... wird Termin zur Verkündung einer Entscheidung bestimmt auf ...)

....

Vors. Richterin am LG Justizangestellte

Anmerkungen

1. Da der Prozessvergleich gemäß § 794 Abs. 1 Nr. 1 ZPO Vollstreckungstitel ist, muss er bestimmt, eindeutig und vollstreckungsfähig abgefasst werden – ähnlich einer Urteilsformel.

2. Zinsen können, müssen aber nicht, vereinbart werden.

3. Bei einem **Ratenzahlungsvergleich** ist zu regeln:
   Der Gesamtbetrag, die Höhe der Raten und deren Fälligkeit, eine Verfallklausel, die Art der Zahlung und Bestimmungen über deren Rechtzeitigkeit, der Umfang der Abgeltung, die Bestimmung, wer die Kosten des Rechtsstreits trägt und wie diese im Verhältnis zu den Ratenzahlungen zu begleichen sind.

   Weiteres Beispiel.:
   I. Der Beklagte zahlt an den Kläger 50.000,– €, und zwar in monatlichen Raten von 5000,– €, fällig jeweils am 10. eines Monats, erstmals am 10.2.2019.
   Bleibt der Beklagte mit einer Rate mehr als eine Woche im Rückstand, wird der gesamte dann noch offene Restbetrag zur sofortigen Zahlung fällig. Er ist dann mit 8 % p.a. zu verzinsen.
   II. Die Zahlungen haben zu Händen des Prozessbevollmächtigten des Klägers, der Inkassovollmacht hat, zu erfolgen. Für die Rechtzeitigkeit der Zahlung ist der Zahlungseingang bei diesem maßgebend.
   III. Mit Erfüllung dieses Vergleichs sind die streitgegenständlichen Ansprüche des Klägers abgegolten und erledigt.
   IV. Von den Kosten des Rechtsstreits trägt der Kläger 12 %, der Beklagte 88 %. Den Kostenerstattungsbetrag zahlt der Beklagte im Anschluss an die Hauptsache.

4. Im Vergleich ist zu regeln:
   - Die Hauptsache.
   - Etwaige Zahlungspflichten der Parteien samt Fälligkeit.
   - Die Verteilung der Kosten des Rechtsstreits (zur Klarstellung inkl. der Vergleichskosten).
   - Der Umfang der Abgeltung.

5. Der Vermerk „vorgelesen und genehmigt" folgt aus § 160 Abs. 3 Nr. 1, § 162 ZPO.

6. Nach § 278 Abs. 6 Satz 1 ZPO kann ein gerichtlicher Vergleich auch dadurch geschlossen werden, dass beide Parteien einen schriftlichen Vergleichsvorschlag des Gerichts durch Schriftsatz gegenüber dem Gericht annehmen. Das Gericht stellt dann das Zustandekommen und den Inhalt des Vergleichs durch Beschluss fest:

„Beschluss
des Landgerichts Landshut – 3. Zivilkammer – vom …
in dem Rechtsstreit

folgt vollständige Parteibezeichnung wie beim Urteil (der Beschluss ist ein Vollstreckungstitel, § 794 Abs. 1 Nr. 1 ZPO)

Es wird festgestellt, dass die Parteien durch Schriftsatz vom … und vom … folgenden gerichtlichen Vergleichsvorschlag angenommen haben:
folgt Wortlaut des Vergleichs

Unterschrift der 3 Richter der Kammer oder des Einzelrichters

7. Unterhaltsvergleich
Bei einem Unterhaltsvergleich im Familienrecht findet auch § 127a BGB Anwendung, § 1585c BGB. Ein Großteil aller Unterhaltsverfahren wird durch Prozessvergleich beendet. Für den Fall einer später notwendig werdenden Abänderung sollten die Vergleichsgrundlagen sehr sorgfältig angegeben werden. Auch kann im Rahmen eines Unterhaltsvergleichs die Anwendung des § 239 FamFG vereinbart werden, um so eine vereinfachte Anpassung des Vergleichs zu ermöglichen.

c) Rechtsmittelverfahren

Nr. 15. Berufungsschrift

Dr. Regina Müller-Leitner
Rechtsanwältin

94032 Passau, 18.2.2019
Nibelungenstr. 23

An das
Landgericht Passau[1]
– Zivilkammer –

In Sachen
Kurt Wagner, Webergasse 23, 94032 Passau,
– Kläger und Berufungsbeklagter –

Prozessbevollmächtigter: Rechtsanwalt Max Weiß, Augustinergasse 1, 94032 Passau,

gegen

Dieter Fischer, Hauptstraße 5, 94116 Hutthurm,
– Beklagter und Berufungskläger –

Prozessbevollmächtigter 1. Instanz: Rechtsanwalt Dr. Jörg Hausmann, Innstr. 4, 94032 Passau,

wegen Werklieferung

lege ich namens des Beklagten und Berufungsklägers gegen das in beglaubigter Abschrift beigefügte[2] Endurteil des Amtsgerichts Passau vom 28.1.2019 – 2 C 123/18 –, zugestellt am 4.2.2019,

Berufung[3]

zum Landgericht Passau ein.

Müller-Leitner
(Dr. Müller-Leitner)
Rechtsanwältin

Anmerkungen

1. Adressat ist stets das Berufungsgericht, § 519 Abs. 1 ZPO.
2. Nach § 519 Abs. 3 ZPO soll eine Ausfertigung oder beglaubigte Abschrift des angefochtenen Urteils beigefügt werden.
3. Gegen amtsgerichtliche Endurteile ist die Berufung nur zulässig, wenn der Wert des Beschwerdegegenstandes 600 € übersteigt oder das Amtsgericht die Berufung im Urteil zugelassen hat (§ 511 Abs. 2 ZPO).

Nr. 16. Berufungsbegründung

Dr. Regina Müller-Leitner
Rechtsanwältin

94032 Passau, 13.3.2019
Nibelungenstr. 23

An das
Landgericht Passau
– Zivilkammer –

Berufungsbegründung

in Sachen Wagner . /. Fischer

1 S 138/19
zu AG Passau – 2 C 123/18 –

Beschwerdewert[1]: 2875,– €

In vorbezeichneter Sache stelle ich den Antrag[2]:
I. Das Urteil des Amtsgerichts Passau vom 25.1.2019 wird aufgehoben.
II. Die Klage wird abgewiesen.
III. Der Kläger hat die Kosten beider Rechtszüge zu tragen.
Mit einer Übertragung der Entscheidung auf den Einzelrichter besteht Einverständnis.[3]

Begründung:

(Die Begründung **muss** enthalten:
- Bezeichnung der Umstände, aus denen sich die Rechtsverletzung und deren Erheblichkeit für die angefochtene Entscheidung ergibt (vgl. § 520 Abs. 3 Satz 2 Nr. 2 ZPO), z.B. welche Rechtsnorm wegen eines Interpretations- oder Subsumtionsfehlers unrichtig angewendet worden ist und weshalb das angefochtene Urteil auf diesem Fehler beruht.
- Bezeichnung konkreter Anhaltspunkte, die Zweifel[4] an der Richtigkeit oder Vollständigkeit der Tatsachenfeststellungen im angefochtenen Urteil begründen und deshalb eine erneute Feststellung gebieten (vgl. § 520 Abs. 3 Satz 2 Nr. 3 ZPO), z.B. Übergehen von Beweisangeboten, Nichtausschöpfung der Beweismittel, Verkennung der Beweislast, bloße Vermutungen, Verstoß gegen Denkgesetze oder Erfahrungssätze, lückenhafte Erwägungen, widersprüchliche oder sonst unzureichende Beweiswürdigung, Feststellungen entgegen gerichtsbekannten Tatsachen. Will der Berufungskläger die Wiederholung der erstinstanziellen Beweisaufnahme vor dem Berufungsgericht erreichen, ist ein entsprechender Antrag in der Berufungsbegründung ausdrücklich zu stellen.
- Bezeichnung der neuen Angriffs- und Verteidigungsmittel sowie der Tatsachen, aufgrund derer die neuen Angriffs- und Verteidigungsmittel nach § 531 Abs. 2 ZPO zuzulassen sind, weil sie (1) einen Gesichtspunkt betreffen, der vom Gericht

des ersten Rechtszugs erkennbar übersehen oder für unerheblich gehalten worden ist, (2) infolge eines Verfahrensmangels[5] im ersten Rechtszug nicht geltend gemacht wurden oder (3) im ersten Rechtszug nicht geltend gemacht worden sind, ohne dass dies auf einer Nachlässigkeit[6] der Partei beruht, § 520 Abs. 3 Satz 2 Nr. 4 ZPO.)

Müller-Leitner
(Dr. Müller-Leitner)
Rechtsanwältin

Anmerkungen

1. Vgl. § 520 Abs. 4 Nr. 1 ZPO.
2. Vgl. § 520 Abs. 3 Satz 2 Nr. 1 ZPO.
3. Vgl. § 520 Abs. 4 Nr. 2, § 526 ZPO.
4. Es genügen vernünftige Zweifel, d. h. eine gewisse Wahrscheinlichkeit dafür, dass im Fall der Beweiserhebung die erstinstanzielle Feststellung keinen Bestand haben wird.
5. Als solcher Verfahrensmangel wird insbesondere eine Verletzung der gerichtlichen Hinweispflicht nach § 139 ZPO in Betracht kommen. Nach § 139 Abs. 4 ZPO kann die Erteilung des Hinweises nur durch den Inhalt der Akten bewiesen werden. Enthalten die Akten dazu nichts, gilt ein Hinweis als nicht erteilt, es sei denn es gelingt der Nachweis der Fälschung.
   Ferner kommt insoweit als Verfahrensmangel in Betracht, dass das Erstgericht dem Berufungskläger nach einem Hinweis gemäß § 139 ZPO keine hinreichende Frist zur Äußerung gewährt hat (§ 139 Abs. 5 ZPO).
6. Die Entschuldigungsgründe, warum nicht einmal einfache Fahrlässigkeit vorliegt, sind näher darzulegen und die Tatsachen hierfür auf Verlangen des Berufungsgerichts glaubhaft zu machen, z. B., dass die neuen Tatsachen oder die neuen Angriffs- und Verteidigungsmittel erst nach Schluss der mündlichen Verhandlung erster Instanz entstanden sind.

Nr. 17. Berufungsurteil

Oberlandesgericht München
Az: 5 U 4137/19
22 O 31.077/17 LG München I

Im Namen des Volkes

In dem Rechtsstreit

Kurt Schell, Bergstr. 27, 82362 Weilheim,
– Kläger und Berufungsbeklagter –

Prozessbevollmächtigter: Rechtsanwalt Dr. Hubert Meier,
Neuhauserstr. 20, 80331 München,

gegen

Georg Wimmer, Ludwigstr. 39, 80539 München,
– Beklagter und Berufungskläger –

Prozessbevollmächtigter: Rechtsanwältin Dr. Brigitte Burgmann,
Sophienstr. 7, 80333 München,

wegen Kaufpreisforderung

erlässt das Oberlandesgericht München, 5. Zivilsenat, durch den Vorsitzenden Richter am Oberlandesgericht Dr. Kraft und die Richterinnen am Oberlandesgericht Hinz und Mühlmann (*oder:* Richterin am Oberlandesgericht Hinz als Einzelrichterin) auf Grund der mündlichen Verhandlung vom 11.4.2019 (*oder:* im schriftlichen Verfahren, in dem Schriftsätze bis zum 11.4.2019 eingereicht werden konnten; *oder:* nach Lage der Akten am 11.4.2019) folgendes

Endurteil:[1, 2]

I. Die Berufung des Beklagten gegen das Endurteil des Landgerichts München I vom 4.10.2018 wird zurückgewiesen.[3]
II. Der Beklagte hat die Kosten des Berufungsverfahrens zu tragen.
III. Die Revision zum Bundesgerichtshof wird zugelassen.[4]
IV. Das Urteil ist vorläufig vollstreckbar; der Beklagte kann die Vollstreckung gegen Sicherheitsleistung von … abwenden, wenn nicht der Kläger vor der Vollstreckung Sicherheit in gleicher Höhe leistet.[5]

Gründe:

Anstelle von Tatbestand und Entscheidungsgründen enthält das Berufungsurteil gemäß § 540 ZPO:

1. *Die Bezugnahme auf die tatsächlichen Feststellungen im angefochtenen Urteil mit Darstellung etwaiger Änderungen oder Ergänzungen. Schon im Hinblick auf das rechtliche Gehör und die Überprüfungsmöglichkeit des Revisionsgerichts nach Revision oder Nichtzulassungsbeschwerde wird dabei auch darauf einzugehen sein, aus welchen Gründen das Berufungsgericht neue Angriffs- und Verteidigungsmittel nicht zugelassen hat (vgl. § 531 ZPO).*
2. *Eine „kurze Begründung für die Abänderung, Aufhebung oder Bestätigung der angefochtenen Entscheidung". Auch hier wird Art. 103 Abs. 1 GG, wonach das Vorbringen der Prozessparteien ernstgenommen und entsprechend gewürdigt werden muss, allzu großer Kürze entgegenstehen.*
   Ferner sind, auch wenn das Gesetz dies nicht ausdrücklich nennt, die Kostenentscheidung, die Entscheidung über die vorläufige Vollstreckbarkeit und die Zulassung oder Nichtzulassung der Revision im Urteil kurz zu begründen.[6]

Kraft — *Hinz* — *Mühlmann*
(Dr. Kraft) — (Hinz) — (Mühlmann)
Vors. Richter — Richterinnen am Oberlandesgericht

oder

Hinz
(Hinz)
Richterin am
Oberlandesgericht

Anmerkungen

1. Das Berufungsgericht kann gemäß § 522 Abs. 2 ZPO die Berufung durch **einstimmigen Beschluss** unverzüglich zurückweisen, wenn es davon überzeugt ist, dass (1) die Berufung keine Aussicht auf Erfolg hat, (2) die Rechtssache keine grundsätzliche Bedeutung hat, (3) die Fortbildung des Rechts oder die Sicherung einer einheitlichen Rechtsprechung eine Entscheidung des Berufungsgerichts nicht erfordert und (4) eine mündliche Verhandlung nicht geboten ist.
   Zuvor muss das Gericht oder dessen Vorsitzender die Parteien auf die beabsichtigte Zurückweisung der Berufung und die Gründe hierfür hinweisen und dem Berufungsführer eine Frist zur Stellungnahme gewähren.
   Der Zurückweisungsbeschluss ist zu begründen. Gegen den Beschluss steht dem Berufungsführer das Rechtsmittel zu, das bei einer Entscheidung durch Urteil zulässig wäre.

2. **Beispiele für Urteilsformeln**
   a) Die Berufung ist unbegründet und das Gericht verfährt nicht nach § 522 Abs. 2 ZPO:
      I. Die Berufung des Klägers gegen das Urteil des Landgerichts Mannheim vom 11.10.2018 wird zurückgewiesen.
      II. Der Kläger hat die Kosten der Berufung zu tragen.
   b) Die Berufung ist begründet:
      Die Urteilsformel besteht hier aus einer aufhebenden Entscheidung und aus einer Zurückverweisung oder einer ersetzenden Entscheidung.
      Fall des § 538 Abs. 2 ZPO:
      I. Auf die Berufung des Klägers wird das Urteil des Landgerichts Deggendorf vom 12.4.2018 samt dem ihm zugrundeliegenden Verfahren aufgehoben.
      II. Die Sache wird zur anderweitigen Verhandlung und Entscheidung – auch über die Kosten des Berufungsverfahrens – an das Landgericht Deggendorf zurückverwiesen.

III. Die Revision wird nicht zugelassen.
IV. Das Urteil ist vorläufig vollstreckbar *(wegen § 775 Nr. 1 ZPO; vgl. OLG München NJW 2011, 396, 398).*

Oder:

I. Auf die Berufung des Beklagten wird das Urteil des Landgerichts Deggendorf vom 12.1.2018 aufgehoben.
II. Die Klage wird abgewiesen.
III. Der Kläger hat die Kosten beider Rechtszüge zu tragen.
IV. Die Revision wird nicht zugelassen.
V. Das Urteil ist vorläufig vollstreckbar. Der Kläger kann ... (*vgl. §§ 708 Nr. 10, 711 ZPO*)

c) Die Berufung ist teilweise begründet:
Fall: Der Kläger hatte 15.000,– € begehrt. Das Landgericht sprach ihm 10.000,– € zu und wies die Klage im Übrigen ab. Mit Berufung begehrt der Kläger weitere 5000,– €, obsiegt aber nur bezüglich weiterer 2500,– €:

I. Auf die Berufung des Klägers wird das Urteil des Landgerichts ... vom ... in Ziffer I dahin abgeändert, dass der Beklagte an den Kläger 12.500,– € (i.W. zwölftausendfünfhundert Euro) zu zahlen hat und die Klage im Übrigen abgewiesen wird.
Im Übrigen wird die Berufung des Klägers zurückgewiesen.
II. Die Kostenentscheidung des angefochtenen Urteils wird aufgehoben. Von den Kosten des 1. Rechtszugs trägt der Kläger $^1/_6$, der Beklagte $^5/_6$. Die Kosten des Berufungsverfahrens tragen Kläger und Bekl. je zur Hälfte (oder: werden gegeneinander aufgehoben).
III. Die Revision wird nicht zugelassen.
IV. Das Urteil ist vorläufig vollstreckbar. Der Kläger kann ...; der Beklagte kann ... *(Vgl. §§ 708 Nr. 10, 711 ZPO).*

3. **Unzulässige** Berufungen werden „als unzulässig verworfen“, § 522 Abs. 1 Satz 2 ZPO, und zwar durch Beschluss, gegen den Rechtsbeschwerde zum Revisionsgericht stattfindet, § 522 Abs. 1 Satz 4, § 574 Abs. 1 ZPO.

4. Zulassung der Revision:
Vgl. § 543 Abs. 2 ZPO.
Es empfiehlt sich, die Nichtzulassung der Revision in die Urteilsformel aufzunehmen und in den Entscheidungsgründen im Hinblick auf die Nichtzulassungsbeschwerde (§ 544 ZPO) näher zu begründen.

5. *Vgl. §§ 708 Nr. 10, 711 ZPO.* Gemäß § 711 Satz 2 ZPO kann bei Geldforderungen auch formuliert werden: „Das Urteil ist vorläufig vollstreckbar; der Beklagte kann die Vollstreckung durch Sicherheitsleistung in Höhe von 115 % des zu vollstreckenden Betrages abwenden, wenn nicht der Kläger vor der Vollstreckung Sicherheit in gleicher Höhe leistet.“

6. Nach dem Gesetz zur Einführung einer Rechtsbehelfsbelehrung im Zivilprozess und zur Änderung anderer Vorschriften vom 5.12.2012 (RechtsBehEG – BGBl. I S. 2418) ist § 232 ZPO zu beachten (z.B. Rechtsbehelfsbelehrung bei Streitwertfestsetzung durch das Landgericht:
Gegen die Entscheidung, mit der der Streitwert festgesetzt worden ist, kann Beschwerde eingelegt werden, wenn der Wert des Beschwerdegegenstands 200 Euro übersteigt oder das Gericht die Beschwerde zugelassen hat. Die Beschwerde ist binnen **sechs Monaten** *bei dem Landgericht ... einzulegen. Die Frist beginnt mit Eintreten der Rechtskraft der Entscheidung in der Hauptsache oder der anderweitigen Erledigung des Verfahrens. Ist der Streitwert später als einen Monat vor Ablauf der sechsmonatigen Frist festgesetzt worden, kann die Beschwerde noch innerhalb eines Monats nach Zustellung oder formloser Mitteilung des Festsetzungsbeschlusses eingelegt werden. Im Fall der formlosen Mitteilung gilt der Beschluss mit dem dritten Tage nach Aufgabe zur Post als bekannt gemacht. Die Beschwerde ist schriftlich einzulegen oder durch Erklärung zu Protokoll der Geschäftsstelle des genannten Gerichts. Sie kann auch vor der Geschäftsstelle jedes Amtsgerichts zu Protokoll erklärt werden; die Frist ist jedoch nur gewahrt, wenn das Protokoll rechtzeitig bei dem oben genannten Gericht eingeht. Eine anwaltliche Mitwirkung ist nicht vorgeschrieben.*)

Nr. 18. Nichtzulassungsbeschwerde

Dr. Elke Mayer
Rechtsanwältin
beim Bundesgerichtshof

76131 Karlsruhe, 20.2.2019
Schloßplatz 25

An den
Bundesgerichtshof
– Zivilsachen –

In dem Rechtsstreit

Margarethe Beinhardt, Wasserburger Landstraße 10, 85604 Zorneding
– Klägerin und Beschwerdegegnerin –

Prozessbevollmächtigter: Rechtsanwalt Dr. Wilhelm Stolz,
Sophienstr. 3, 80333 München

gegen

Fa. Moderner Wohnbau GmbH, ges. vertr. durch den Geschäftsführer
Siegfried Hammer, Klostergasse 10, 85560 Ebersberg
– Beklagte und Beschwerdeführer –

Prozessbevollmächtigter im Berufungsverfahren: Rechtsanwalt Kilian Huber,
Anzinger Str. 1, 85560 Ebersberg

lege ich hiermit namens und im Auftrag der Beklagten wegen der Nichtzulassung der Revision in dem Endurteil des Oberlandesgerichts München – 15. Zivilsenat – vom 1.2.2019 (Aktenzeichen: 15 U 1023/2018), zugestellt am 11.2.2019,

Nichtzulassungsbeschwerde[1]

ein.

Ich beantrage,

die Revision gegen das Endurteil des Oberlandesgerichts München – 15. Zivilsenat – vom 1.2.2019 zuzulassen.[2]

Begründung[3]

I.

Kurze Darstellung des Streitstands und der Entscheidung des Berufungsgerichts.

II.

Das Oberlandesgericht München hat in dem genannten Berufungsurteil die Revision zu Unrecht nicht zugelassen. Die Zulassungsgründe des § 543 Abs. 2 ZPO liegen vor:

Die Rechtssache hat grundsätzliche Bedeutung, weil ... *folgen entsprechende Ausführungen, aus welchen Gründen welche die Entscheidung bestimmende Rechtsfrage eine über den Einzelfall hinausgehende grundsätzliche Bedeutung hat, da sie einen größeren Personenkreis betrifft.*
Ferner ist eine Entscheidung des Revisionsgerichts zur Sicherung einer einheitlichen Rechtsprechung erforderlich, weil ... *folgen entsprechende Ausführungen, z. B. mit welcher die Entscheidung tragenden Begründung das Berufungsgericht von einer Entscheidung des BGH oder eines anderen Oberlandesgerichts abgewichen ist oder welche Fehler es materiell oder formell bei der Anwendung revisiblen Rechts begangen hat, die von solchem Gewicht sind, dass sie geeignet sind, das Vertrauen in die Rechtsprechung zu beschädigen.*
Oder: Die Fortbildung des Rechts erfordert eine Entscheidung des Revisionsgerichts, weil ... *folgen entsprechende Ausführungen, z. B. dass eine näher dargelegte Gesetzeslücke durch höchstrichterliche Rechtsprechung geschlossen werden müsse.*
Eine beglaubigte Abschrift des Urteils, gegen das die Revision eingelegt werden soll, ist beigefügt.

Dr. Elke Mayer
(Dr. Elke Mayer)
Rechtsanwältin

Anmerkungen

1. Zur Form und Frist vgl. § 544 ZPO. Adressat ist stets der Bundesgerichtshof. In der zum ZPO-Reformgesetz getroffenen Übergangsregelung, § 26 Nr. 8 EGZPO, wurde die Nichtzulassungsbeschwerde bis Ende 2006 an eine mit der Revision geltend zu machende Beschwer von mehr als 20.000,– € geknüpft; diese Frist wurde nunmehr bis 31.12.2019 verlängert (Gesetz vom 21.6.2018).

2. Wird der Beschwerde gegen die Nichtzulassung der Revision stattgegeben, so wird das Beschwerdeverfahren als Revisionsverfahren fortgesetzt, § 544 Abs. 6 ZPO. Die form- und fristgerechte Einlegung der Nichtzulassungsbeschwerde gilt dann als Einlegung der Revision. Mit der Zustellung der Entscheidung des Revisionsgerichts über die Nichtzulassungsbeschwerde beginnt die Revisionsbegründungsfrist, § 544 Abs. 6 Satz 3 ZPO.

3. Die Nichtzulassungsbeschwerde **muss** begründet werden, entweder bereits zugleich mit der Einlegung oder in einem gesonderten Schriftsatz spätestens innerhalb 2 Monaten ab Zustellung des in vollständiger Form abgefassten Berufungsurteils.
   In der Begründung **müssen** die Zulassungsgründe des § 543 Abs. 2 ZPO dargelegt werden, § 544 Abs. 2 Satz 3 ZPO.

Nr. 19. Revisionsschrift mit Begründung

Dr. Karl Schmidt
Rechtsanwalt
beim Bundesgerichtshof

76185 Karlsruhe, 4.3.2019
Rheinstraße 47

An den
Bundesgerichtshof
– Zivilsachen –

In Sachen

Fa. Standard AG, gesetzlich vertreten durch ihren Vorstand
Dr. Anselm Kurz, Hamburger Straße 3, 28205 Bremen,
– Klägerin und Revisionsbeklagte –
Prozessbevollmächtigte 2. Instanz: Rechtsanwältin Hanna Neumann,
Lange Str. 27, 28195 Bremen,

gegen

Hans-Georg Kaufmann, Hofstr. 2, 28719 Bremen,
– Beklagter und Revisionskläger –
Prozessbevollmächtigter 2. Instanz: Rechtsanwalt Dr. Manfred Groß,
Bahnhofstr. 11, 28195 Bremen,

wegen Kaufpreisforderung

lege ich namens des Beklagten und Revisionsklägers gegen das in beglaubigter Abschrift beigefügte Endurteil des Oberlandesgerichts Bremen vom 28.1.2019 – 2 U 389/18, zugestellt am 12.2.2019, in dem die Revision zugelassen worden ist,

Revision

zum Bundesgerichtshof ein.

Ich beantrage:[1, 2]

I. Das Urteil des Oberlandesgerichts Bremen vom 27.1.2019 wird aufgehoben.
II. Die Berufung der Klägerin gegen das Urteil des Landgerichts Bremen vom 16.10.2018 wird zurückgewiesen.

Begründung:

I. Ich rüge die Verletzung formellen Rechts:
Hier sind Verfahrensverstöße jeweils in folgender Reihenfolge darzulegen (§ 551 Abs. 3 Satz 1 Nr. 2b ZPO):
a) Angabe der prozessualen Tatsache, die einen Verfahrensverstoß begründet,
b) Angabe des Gesetzes, d. h. eine möglichst genaue Bezeichnung des prozessualen Rechtssatzes seinem Gegenstand nach, gegen das im Prozess verstoßen wurde,

c) Angabe der Kausalität (§ 545 Abs. 1 ZPO). Eine Begründung der Kausalität ist im Falle des § 547 ZPO (sog. absolute Revisionsgründe) nicht erforderlich, da das Gesetz insoweit eine unwiderlegliche Vermutung der Kausalität enthält.

II. Ich rüge ferner die Verletzung materiellen Rechts:

Hier bedarf es der bestimmten Bezeichnung der Umstände, aus denen sich die Rechtsverletzung ergibt, und zwar in konkreter Auseinandersetzung mit den Gründen des Berufungsurteils (§ 551 Abs. 3 Satz 1 Nr. 2a ZPO). Ferner muss dargelegt werden, dass das angefochtene Urteil auf dieser Rechtsverletzung beruht.

Es ist zwar gesetzlich nicht vorgeschrieben, die verletzte Rechtsnorm möglichst bestimmt und genau zu bezeichnen, etwa durch die §-Zahl, gleichwohl sind zielgerichtete Rechtsausführungen zur konkreten Rechtsverletzung in Revisionsbegründungen eine Selbstverständlichkeit.

Schmidt
(Dr. Schmidt)
Rechtsanwalt

Anmerkungen

1. Revisionsanträge, d.h. die Erklärung, inwieweit das Urteil angefochten und dessen Aufhebung beantragt werde, sind **zwingend erforderlich** (§ 551 Abs. 3 Satz 1 Nr. 1 ZPO).

2. Beispiele für Revisionsanträge

   I. Das Urteil des Oberlandesgerichts Bremen vom 21.1.2019 wird aufgehoben.
   II. Die Sache wird zur anderweitigen Verhandlung und Entscheidung an das Berufungsgericht zurückverwiesen.

   Oder:

   I. Das Urteil des Landgerichts Bremen vom 16.10.2018 und das Urteil des Oberlandesgerichts Bremen vom 27.1.2019 werden aufgehoben.
   II. Die Klage wird abgewiesen.

II. Arbeitsgerichtsbarkeit

Nr. 20. Arbeitsgerichtsurteil[1]

Arbeitsgericht München
Az: 3 Ca 157/19

Im Namen des Volkes

Endurteil

In dem Rechtsstreit

Georg Lermer, kaufmännischer Angestellter, Weilheimerstr. 20, 80334 München,
– Kläger –

Prozessbevollmächtigte:[2] Rechtsanwälte Dres. Herbert Hertel und Richard Jäger, Müllerstr. 21, 83024 Rosenheim,

gegen

Kaiser GmbH, ges. vertr. durch den Geschäftsführer Reinhard Kaiser, Kuhbachstr. 100, 81543 München,
– Beklagte –

Prozessbevollmächtigter:[2] Rechtsanwalt Dr. Hans Neuer, Briennerstr. 200, 80034 München,

wegen

Feststellung u. a.

hat das Arbeitsgericht München, 3. Kammer, durch Richter am Arbeitsgericht Schneider als Vorsitzenden und die ehrenamtlichen Richter Seydel und Wimmer auf Grund der mündlichen Verhandlung vom 16.7.2019 für Recht erkannt:[3]

I. Es wird festgestellt, dass das Arbeitsverhältnis durch die Kündigung vom 11.03.2019 nicht aufgelöst ist.
II. Der Beklagte wird verurteilt, an den Kläger 3200,– € brutto nebst Zinsen in Höhe von 5 Prozentpunkte über dem jeweiligen Basiszinssatz hieraus seit dem 1.5.2019 zu zahlen.
III. Der Beklagte trägt die Kosten des Rechtsstreits.
IV. Der Wert des Streitgegenstandes wird auf 12 800,– € festgesetzt.
V. (ggf. Entscheidung zur Berufungszulassung, § 64 Abs. 3a ArbGG)

Tatbestand:[4]

– *Unstreitiger Sachverhalt*
– *Bestrittene Tatsachenbehauptungen des Klägers*
– *Prozessgeschichte, soweit sie die Anträge der Parteien beeinflusst hat*
– *Die zuletzt gestellten Anträge des Klägers und des Beklagten (hervorheben!)*
– *Verteidigungsvorbringen des Beklagten*

– *Evtl. Widerklageantrag und Antrag des Widerbeklagten*
– *Erwiderungen des Klägers und des Beklagten*
– *Prozessgeschichte, soweit sie noch für die Entscheidung erheblich ist*

Entscheidungsgründe:[4]

1. *Zuständigkeit*
   a) *Rechtswegzuständigkeit (§§ 2ff. ArbGG)*
   b) *örtliche Zuständigkeit (§§ 46 Abs. 2 S. 1, 48 Abs. 1a ArbGG, §§ 12ff. ZPO)*
2. *Zulässigkeit*
   a) *ordnungsmäßige Klageerhebung (§ 46 Abs. 2, Abs. 1 ArbGG, §§ 495 Abs. 1, 253 Abs. 2 ZPO)*
   b) *Partei- und Prozessfähigkeit*
   c) *Rechtsschutzbedürfnis (bei Feststellungsklagen: besonderes Feststellungsinteresse, § 256 Abs. 1 ZPO)*
3. *Begründetheit*
4. *Kostenentscheidung (§ 46 Abs. 2 S. 1 ArbGG, §§ 91ff. ZPO)*
5. *Streitwertfestsetzung (§ 61 Abs. 1 ArbGG, §§ 3, 5 ZPO)*
6. *Rechtsmittelbelehrung (vgl. § 9 Abs. 5 ArbGG).*

Schneider
(Schneider)
Richter am Arbeitsgericht[5]

Anmerkungen

1. Beachte, ob statt des Urteilsverfahrens nicht das Beschlussverfahren in Betracht kommt, §§ 2a, 80ff. ArbGG.

2. Treten als Prozessbevollmächtigte gem. § 11 Abs. 1 ArbGG Rechtssekretäre von Gewerkschaften oder Vertreter Arbeitgeberverbänden auf, so lautet die Bezeichnung im Rubrum z.B.:
„Prozessbevollmächtigter: DGB Rechtsschutz GmbH,
Rechtssekretär Hermann Amsl.“

3. Beispiele für die Fassung des Tenors:
   a) Unwirksame außerordentliche fristlose Kündigung und hilfsweise ordentliche Kündigung oder Umdeutung einer unwirksamen außerordentlichen Kündigung in eine ordentliche Kündigung
      I. Es wird festgestellt, dass das Arbeitsverhältnis durch die Kündigung vom 11.3.2019 nicht aufgelöst wird.
      II. Im Übrigen wird die Klage abgewiesen.
      III. …
      IV. …
   b) Weiterbeschäftigung
      I. Die Beklage wird verurteilt, den Kläger über den 30.4.2019 hinaus bis zum rechtskräftigen Abschluss des Kündigungsrechtsstreits als Sachbearbeiter „Einkauf“ mit einer
      wöchentlichen Arbeitszeit von 40 Stunden und einem Bruttomonatsgehalt von 3.200,00 € weiter zu beschäftigen.
      II. …
      III. …

c) Auflösungsurteil
   I. Es wird festgestellt, dass das Arbeitsverhältnisses der Parteien durch die Kündigung der Beklagten vom 11.3.2019 nicht beendet worden ist.
   II. Auf Antrag des Klägers (bzw. auf Antrag der Beklagten) wird das Arbeitsverhältnis zum 30.4.2019 aufgelöst und die Beklagte zur Zahlung einer Abfindung gemäß §§ 9, 10 KSchG in Höhe von 9.600,00 € verurteilt.
   III. …
   IV. …

d) Änderungsschutzklage gemäß § 2 KSchG
   I. Es wird festgestellt, dass die Änderung der Arbeitsbedingungen im Zusammenhang mit der Änderungskündigung der Beklagten vom 11.3.2019 rechtsunwirksam ist.
   II. …
   III. …
   IV. …

e) Abmahnstreitigkeiten
   I. Die Beklage wird verurteilt, die Abmahnung vom 2.5.2019 aus der Personalakte des Klägers zu entfernen.
   II. …
   III. …

f) Anfechtung eines Aufhebungsvertrages
   I. Es wird festgestellt, dass das Arbeitsverhältnis zwischen den Parteien fortbesteht.

4. Zum Tatbestand und den Entscheidungsgründen vgl. § 46 Abs. 2 Satz 1 ArbGG in Verbindung mit § 313 Abs. 2 und 3 ZPO.

5. Das Urteil erster Instanz wird vom Kammervorsitzenden unterzeichnet, § 60 Abs. 4 S. 1 ArbGG. Ein Berufungsurteil des Landesarbeitsgerichts ist vom Kammervorsitzenden und den beiden ehrenamtlichen Richtern zu unterschreiben (vgl. § 69 Abs. 1 ArbGG).

Zweiter Abschnitt. Freiwillige Gerichtsbarkeit

a) Erstentscheidung

Nr. 21. Beschluss des Betreuungsgerichts

hier: Anordnung der Betreuung (§ 1896 BGB, § 286 FamFG)

Amtsgericht München
– Betreuungsgericht –
Az: 702 XVII 420/18

80097 München, den 11.3.2019
Linprunstr. 22
Zur Geschäftsstelle gelangt
11.3.2019, 11.30 Uhr[1]
Lanzl Justizsekretärin

Beschluss

über die Bestellung eines Betreuers
in dem Betreuungsverfahren

für Renate Windbacher, geboren am 13.8.1928,
Reisingerstr. 17, 82031 Grünwald,
– Betroffene –
evtl. Verfahrensbevollmächtigter ....
evtl. Verfahrenspfleger[2] ....
wird
Herr Hans-Georg Mahler, Burgstr. 25, 82031 Grünwald,
zum Betreuer bestellt.

Als Aufgabenkreis[3] wird bestimmt:
– Fürsorge für eine Heilbehandlung,
– Vertretung bei Miet- und Wohnungsangelegenheiten
– Vertretung in Renten- und Sozialhilfeangelegenheiten.

Das Gericht wird bis spätestens zum 1.10.2019 über eine Aufhebung oder Verlängerung der Betreuung beschließen.[4]

Die Entscheidung ist sofort wirksam.[5]

Gründe[6]

Der Betroffenen ist ein Betreuer mit dem oben angegebenen Aufgabenkreis zu bestellen, weil sie auf Grund einer der in § 1896 Abs. 1 Satz 1 BGB aufgeführten Krankheiten bzw. Behinderungen, nämlich …*folgt nähere Bezeichnung*, z.B. weit fortgeschrittener Arteriosklerose mit erheblicher Beeinträchtigung der Einsichtsfähigkeit … nicht mehr in der Lage ist, diese Angelegenheiten selbst zu besorgen. Dies folgt aus den gerichtlichen Ermittlungen, insbesondere aus dem Gutachten des Sachverständigen Dr. Anton Moser[7] und dem unmittelbaren Eindruck des Gerichts anlässlich der Anhörung der Betroffenen[8] vom 16.2.2019 in ihrer üblichen Umgebung

...Folgen nähere Ausführungen dazu und die Angabe, ob die Betroffene die Betreuung selbst beantragt hat oder doch zumindest mit ihr einverstanden ist oder sie ablehnt ....
Bei der Auswahl des Betreuers hat sich das Gericht von folgenden Erwägungen leiten lassen: *...folgen Ausführungen, ob die Betroffene einen Vorschlag gemacht hat, sowie zur Eignung und Bereitschaft des Betreuers für den Aufgabenkreis ...*
Bei der Festsetzung der Frist für die Entscheidung über eine Aufhebung oder Verlängerung der Betreuung (§ 286 Abs. 3 FamFG) ist das Gericht dem ärztlichen Gutachten gefolgt.
Die Anordnung der sofortigen Wirksamkeit beruht auf § 287 Abs. 2 Satz 1 FamFG.
Diese Entscheidung (ohne Gründe) wurde der Betreuungsstelle der Landeshauptstadt München mitgeteilt.[9]

Rechtsmittelbelehrung[10]

Gegen diesen Beschluss ist die Beschwerde zulässig. Über die Beschwerde entscheidet das Landgericht ... Die Beschwerde kann nur beim Amtsgericht ... eingelegt werden. Die Einlegung ist nur innerhalb einer Frist von einem Monat zulässig. Die Frist beginnt mit der Zustellung dieses Beschlusses. Die Beschwerde kann durch Einreichung einer Beschwerdeschrift oder zur Niederschrift der Geschäftsstelle des Betreuungsgerichts eingelegt werden. Die Beschwerde muss die Bezeichnung des angefochtenen Beschlusses sowie die Erklärung enthalten, dass Beschwerde gegen diesen Beschluss eingelegt wird. Sie ist von dem Beschwerdeführer oder seinem Bevollmächtigten zu unterzeichnen. Sie soll begründet werden und die Tatsachen und Beweismittel benennen, auf die sie gestützt wird.

Dr. Mühlstein
(Dr. Mühlstein)
Richterin am Amtsgericht

Anmerkungen

1. Die Entscheidung wird grundsätzlich mit der Bekanntgabe an den Betreuer wirksam (§ 287 Abs. 1 FamFG); bei Anordnung der sofortigen Wirksamkeit ist die Übergabe des Beschlusses an die Geschäftsstelle maßgebend (§ 287 Abs. 2 Satz 2 FamFG). Dieser Zeitpunkt ist daher auf dem Beschluss zu vermerken (§ 287 Abs. 2 Satz 3 FamFG).

2. Vgl. § 276 FamFG.

3. Bei der Festlegung des Aufgabenkreises ist möglichst differenziert auf die Umstände des Einzelfalles abzustellen, da die Betreuung nur angeordnet werden darf, soweit sie erforderlich ist (§ 1896 Abs. 2 BGB).
   In Betracht kommen u.a.: Entscheidung über ärztliche Untersuchung oder Operation, Fürsorge für eine Heilbehandlung, Bestimmung des Aufenthalts, Abschluss eines Heimpflegevertrages, Kontrolle der Einhaltung des Heimvertrags, Organisation der ambulanten Versorgung, Vertretung in Miet- und Wohnungsangelegenheiten, Wohnungsauflösung, Klärung der Vermögensverhältnisse, Verwaltung der Einkünfte, Schuldentilgung, Verwaltung des gesamten Vermögens, Vertretung in Renten- und Sozialhilfeangelegenheiten, Entgegennahme, Öffnen und Anhalten der Post (bedarf der ausdrücklichen richterlichen Anordnung, § 1896 Abs. 4 BGB), Überwachung des Bevollmächtigten (vgl. § 1896 Abs. 3 und Abs. 2 Satz 2 BGB).

Es ist auch zulässig, den benannten Aufgabenkreis einzuschränken, z. B. „Aufenthaltsbestimmung, jedoch ohne die Entscheidung über eine Unterbringung in einer geschlossenen Einrichtung".

4. Vgl. § 286 Abs. 3 FamFG.
5. Vgl. § 287 Abs. 2 Satz 1 FamFG.
6. Gemäß § 38 Abs. 3 FamFG ist der Beschluss zu begründen.
7. Vgl. § 280 FamFG.
8. Vgl. § 278 FamFG.
9. Vgl. § 288 Abs. 2 FamFG.
10. Eine Rechtsmittelbelehrung ist in § 39 FamFG ausdrücklich vorgeschrieben.

Nr. 22. Erbschein

Amtsgericht Oldenburg
– Nachlassgericht –
Az: 2 VI 1623/18

Erbschein[1]

Es wird bezeugt, dass der am 20. November 2018 in Oldenburg verstorbene Albrecht Müller, geb. 23.3.1938 in Bremen, zuletzt wohnhaft in 26123 Oldenburg, Sternstr. 1,[2]

von seinen Söhnen

Dr. med. Peter Müller, geb. 1.4.1958, 38100 Braunschweig, Domstr. 6,
und
Fritz Müller, geb. 21.10.1960, 23570 Lübeck, Ostseestr. 45,

zu je einer Hälfte

beerbt worden ist.[3, 4]

Oldenburg, den 21. Januar 2019

Hafner
(Hafner)
Richterin am Amtsgericht[5]

Anmerkungen

1. Der Erteilung des Erbscheins geht ein Feststellungsbeschluss des Nachlassgerichts voraus, § 352e FamFG (vgl. Muster Nr. 24). – Hinsichtlich der möglichen Arten des Erbscheins und der weiteren erbrechtlichen Ausweise siehe Palandt/Weidlich, § 2353 BGB Rn. 58 ff.

2. In der Praxis wird vielfach auch der Grund der Erbfolge (Gesetz, Testament, Erbvertrag) angegeben, z. B.: „auf Grund privatschriftlichen Testaments vom 10.12.1990". Notwendig ist dieser Zusatz aber nur, wenn er – wie in den Fällen der §§ 1951 und 2088 BGB – der Bezeichnung des Umfangs des Erbrechts dient.

3. a) Im Falle der Nacherbfolge erhält der Erbschein folgenden Zusatz:
„Der Erblasser hat hinsichtlich jedes Bruchteils, der den oben angegebenen Erben zufällt, eine Nacherbfolge angeordnet. Die Nacherbfolge tritt jeweils ein, wenn der Vorerbe verstirbt. Nacherbin nach Dr. Peter Müller ist dessen Tochter Annegret Müller, geb. am 10.4.1985 in Berlin; Nacherbe nach Fritz Müller ist dessen Sohn Karl-Albrecht Müller, geb. am 11.2.1989 in Lübeck. Die Vorerben sind zur freien Verfügung über die Erbschaft berechtigt."
Das Recht eines Nacherben ist vererblich, sofern aus dem Erbschein nichts anderes hervorgeht. Die Vererblichkeit kann durch einen Ersatzerbenvermerk ausgeschlossen sein.
b) Sofern Testamentsvollstreckung angeordnet ist, erhält der Erbschein den Zusatz: „Testamentsvollstreckung ist angeordnet".

4. Da der Erbschein ein bloßes Zeugnis ist, enthält er keine Gründe.

5. Erbscheine auf Grund einer Verfügung von Todes wegen und soweit die Anwendung ausländischen Rechts in Betracht kommt erteilt der Richter (§ 16 Abs. 1 Nr. 6 RPflG), Erbscheine auf Grund gesetzlicher Erbfolge erteilt der Rechtspfleger (§ 3 Nr. 2 Buchst. c RPflG). Beachte aber dazu die Möglichkeit der Aufhebung des Richtervorbehalts nach § 19 RPflG (so z.B. in Bayern: § 1a der Verordnung zur Änderung der Verordnung zur Aufhebung von Richtervorbehalten in Betreuungssachen vom 30. Juli 2013: Zuständigkeit des Rechtspflegers, wenn nicht die Anwendung ausländischen Rechts in Betracht kommt; werden ansonsten gegen die Erteilung eines Erbscheins Einwände erhoben, hat der Rechtspfleger das Verfahren dem Richter zur weiteren Bearbeitung vorzulegen).

Nr. 23. Ablehnungsbeschluss im Erbscheinsverfahren

Amtsgericht München
– Nachlassgericht –
Az: 902 VI 3473/18

Das Amtsgericht – Nachlassgericht – München erlässt in der Nachlasssache

des Maximilian Kammermeier, gestorben am 16.9.2018 in München, zuletzt wohnhaft in 80333 München, Gabelsbergerstraße 8,
an der beteiligt sind:
1. Bertha Kammermeier, Gabelsbergerstraße 8, 80333 München,
2. Fritz Kammermeier, Ramungstr. 1, 80333 München

durch Richter am Amtsgericht Dr. Finger am 22. März 2019 folgenden

Beschluss:[1,2]

Der Antrag der Beteiligten Bertha Kammermeier auf Erteilung eines Erbscheins wird zurückgewiesen.

Gründe:

I.

Kurze Sachdarstellung mit Angabe des Erbscheinsantrages.

II.

Der gestellte Antrag ist nicht begründet; denn der Antragstellerin steht das Erbrecht so, wie sie es beantragt hat, nicht zu.

Rechtliche Würdigung, vgl. §§ 2353 BGB, 352e FamFG.

Rechtsbehelfsbelehrung[3]:

Gegen diesen Beschluss ist die Beschwerde zulässig. Über die Beschwerde entscheidet das Oberlandesgericht … Die Beschwerde kann nur beim Amtsgericht … eingelegt werden. Die Einlegung ist nur innerhalb einer Frist von einem Monat zulässig. Die Frist beginnt mit der Zustellung dieses Beschlusses. Die Beschwerde ist nur zulässig, wenn der Wert des Beschwerdegegenstandes 600,– € übersteigt oder das Nachlassgericht die Beschwerde zugelassen hat.
Die Beschwerde kann durch Einreichung einer Beschwerdeschrift oder zur Niederschrift der Geschäftsstelle des Nachlassgerichts eingelegt werden. Die Beschwerde muss die Bezeichnung des angefochtenen Beschlusses sowie die Erklärung enthalten, dass Beschwerde gegen diesen Beschluss eingelegt wird. Sie ist von dem Beschwerdeführer oder seinem Bevollmächtigten zu unterzeichnen. Sie soll begründet werden und die Tatsachen und Beweismittel benennen, auf die sie gestützt wird.

Finger
(Dr. Finger)
Richter am Amtsgericht

Anmerkungen

1. Das Nachlassgericht darf den Antrag auf Erteilung eines Erbscheins
   a) nur im Ganzen zurückweisen, oder
   b) eine Zwischenverfügung (unten Nr. 25), oder
   c) einen Feststellungsbeschluss (unten Nr. 24) erlassen und ggf.
   d) den beantragten Erbschein erteilen.
2. Eine Kostenentscheidung ist regelmäßig nicht veranlasst. Wer die Gerichtskosten zu tragen hat, regelt das GNotKG hier abschließend. Die außergerichtlichen Kosten trägt grundsätzlich jeder Beteiligte selbst. Nur ausnahmsweise wird das Gericht gem. § 81 FamFG eine Kostenerstattung anordnen.
3. § 39 FamFG.

Nr. 24. Feststellungsbeschluss im Erbscheinsverfahren

Amtsgericht Starnberg
– Nachlassgericht –
Az: VI 819/18

Das Amtsgericht – Nachlassgericht-Starnberg erlässt in der Nachlasssache

Heribert Edschmid, zuletzt wohnhaft in 82319 Percha, Bergstraße 3, verstorben am 9. November 2018 in Percha

an der beteiligt sind

1. Babette Braun, geb. Edschmid, Bahnhofstraße 12, 82327 Tutzing,
2. Wolfgang Edschmid, Bergstr. 5 , 82319 Percha,

durch Richterin am Amtsgericht Wittlinger am 1. März 2019 folgenden

Beschluss:

I. Die Tatsachen, die zur Erteilung des von der Beteiligten zu 1 beantragten Erbscheins, wonach sie Alleinerbin des am 9.11.2018 in Percha verstorbenen Heribert Edschmid geworden ist, erforderlich sind, werden für festgestellt erachtet.
II. Die sofortige Wirksamkeit des Beschlusses wird ausgesetzt. Die Erteilung des Erbscheins wird bis zur Rechtskraft des Beschlusses zurückgestellt.

Gründe:

I.

Folgt kurze Sachdarstellung mit Angabe des Erbscheinsantrages und der gegen diesen Antrag erhobenen Einwendungen

II.

Folgt rechtliche Würdigung:
Zulässigkeit des Feststellungsbeschlusses, § 352e Abs. 2 FamFG
Begründetheit des Erbscheinsantrages.
z. B.
Das Testament vom 4.3.2008 ist unwirksam, weil der Erblasser bei seiner Abfassung nicht mehr testierfähig war ... Die Beerbung des Erblassers richtet sich daher nach dem Testament vom 23.1.2007. Demnach ist die Beteiligte zu 1 Alleinerbin geworden.
Dieser Beschluss stellt keinen Erbschein dar.

Rechtsbehelfsbelehrung[1]

Gegen diesen Beschluss ist die Beschwerde zulässig. Über die Beschwerde entscheidet das Oberlandesgericht ... Die Beschwerde kann nur beim Amtsgericht ... eingelegt werden. Die Einlegung ist nur innerhalb einer Frist von einem Monat zulässig.

Die Frist beginnt mit der Zustellung dieses Beschlusses. Die Beschwerde ist nur zulässig, wenn der Wert des Beschwerdegegenstandes 600,– € übersteigt oder das Nachlassgericht die Beschwerde zugelassen hat.
Die Beschwerde kann durch Einreichung einer Beschwerdeschrift oder zur Niederschrift der Geschäftsstelle des Nachlassgerichts eingelegt werden. Die Beschwerde muss die Bezeichnung des angefochtenen Beschlusses sowie die Erklärung enthalten, dass Beschwerde gegen diesen Beschluss eingelegt wird. Sie ist von dem Beschwerdeführer oder seinem Bevollmächtigten zu unterzeichnen. Sie soll begründet werden und die Tatsachen und Beweismittel benennen, auf die sie gestützt wird.

Wittlinger
(Wittlinger)
Richterin am Amtsgericht

Anmerkungen

1. Vgl. § 39 FamFG.
2. In manchen Bundesländern wird der Beschluss anders formuliert, z. B. in **Sachsen**

   Beschluss:

   Die Tatsachen, die zur Erteilung des beantragten Erbscheins erforderlich sind, werden für festgestellt erachtet.
   Die sofortige Wirksamkeit des Beschlusses wird ausgesetzt; die Erteilung des nachfolgenden Erbscheines wird bis zur Rechtskraft des Beschlusses zurückgestellt.
   Nach Rechtskraft dieses Beschlusses wird ein Erbschein folgenden Inhalts erteilt:
   …

   Gründe:

   …

   Rechtsbehelfsbelehrung:
   …

   Richter am Amtsgericht

Nr. 25. Zwischenverfügung[1, 2]

Amtsgericht Kassel
– Grundbuchamt –
Az: 3 I 32/19

I. Schreiben an Antragsteller:
Ihrem Antrag vom 28. Januar 2019 auf Eintragung eines Widerspruchs gegen … kann zurzeit nicht entsprochen werden. *Folgt Aufzählung sämtlicher Eintragungshindernisse und die Angabe, wie diese Hindernisse ausgeräumt werden können.*
Zur Behebung der Eintragungshindernisse wird Ihnen gem. § 18 GBO eine Frist von zwei Wochen ab Zugang dieser Verfügung gesetzt. Nach erfolglosem Fristablauf wird Ihr Antrag kostenfällig zurückgewiesen werden.

II. Zustellung von I an Antragsteller

III. Wiedervorlage: 4 Wochen

Kassel, den 4. Februar 2019

Möller
(Möller)
Rechtspfleger[3]

Anmerkungen

1. Voraussetzung für den Erlass einer Zwischenverfügung ist, dass
   a) das angegangene Amtsgericht zur Endentscheidung zuständig,
   b) der Antrag wirksam gestellt und
   c) das Eintragungshindernis behebbar ist.

2. Entsprechend den allgemeinen Rechtsgrundsätzen des § 18 GBO ist eine Zwischenverfügung auch in Erbscheinssachen zulässig. Sie kann dort auch in der Form eines Beschlusses ergehen.

3. Vgl. § 3 Nr. 1 Buchst. h RPflG.

b) Beschwerdeentscheidungen

Nr. 26. Beschwerdeentscheidung in Betreuungssachen

Landgericht Bonn
Az: 5 T 95/19

Beschluss

der 5. Zivilkammer des Landgerichts Bonn durch Richterin am Landgericht Franke als Einzelrichterin[1] vom 4. März 2019
in der Betreuungssache

Ingrid Sedelmaier, geb. 21.4.1938, Bonner Straße 8, 51545 Waldbröl,
– Betroffene –

Betreuer: Peter Sedelmaier, Bonner Straße 8, 51545 Waldbröl

Weiterer Beteiligter: Bruno Sedelmaier, Hauptstraße 17, 51545 Hermesdorf
– Beschwerdeführer –

Betreuungsbehörde: …

Hier: Betreuerauswahl

Die Beschwerde des Bruno Sedelmaier, Hauptstraße 17, 51545 Hermesdorf, gegen den Beschluss des Amtsgerichts Waldbröl – Betreuungsgericht – vom 4. Februar 2019 – X 23/19
– wird zurückgewiesen.[2]

Gründe:[3]

I.

Folgt Darstellung des Sachverhalts mit Anträgen erster Instanz, Formel und tragende Gründe der Entscheidung erster Instanz, Formalien der Beschwerdeeinlegung, kurze Zusammenfassung des Beschwerdevorbringens, eventuelle Anträge der Beteiligten im Beschwerdeverfahren und evtl. bedeutsame Verfahrensgeschichte zweiter Instanz.

II.

Statthaftigkeit der Beschwerde, § 58 FamFG,
Zulässigkeit im Übrigen, §§ 59ff. FamFG, insbesondere
Beschwerdeberechtigung, §§ 59, 303 FamFG
Materiellrechtliche Würdigung.

III. Rechtsmittelbelehrung:

Gegen diesen Beschluss ist grundsätzlich das Rechtsmittel der Rechtsbeschwerde gegeben. Über die Rechtsbeschwerde entscheidet der Bundesgerichtshof. Die Rechtsbeschwerde muss binnen einer Frist von einem Monat eingelegt werden. Die Frist

beginnt mit der Zustellung dieses Beschlusses. Die Rechtsbeschwerde ist beim Rechtsbeschwerdegericht einzulegen. Wirksam eingelegt werden kann die Rechtsbeschwerde nur durch eine von einem beim Rechtsbeschwerdegericht zugelassenen Rechtsanwalt unterzeichnete Schrift.
Im Einzelfall können weitere Zulässigkeitserfordernisse bestehen oder die Beschwerde ausgeschlossen sein.

Franke
(Franke)

Anmerkungen

1. Nach § 68 Abs. 4 FamFG i. V. m. § 526 ZPO kann die Zivilkammer die Sache dem Einzelrichter übertragen.

2. Einer gerichtlichen Kostenentscheidung bedarf es grundsätzlich nicht. Bezüglich der Gerichtskosten enthält das GNotKG eindeutige Bestimmungen, die für eine konstitutive Gerichtsentscheidung keinen Raum lassen (hier: Nrn. 12220 ff. KV-GNotKG).
   Die außergerichtlichen Kosten trägt grundsätzlich jeder Beteiligte selbst. Das Gericht kann aus Billigkeitserwägungen Kostenerstattung anordnen (§ 81 FamFG). Bei erfolglosen Rechtsmitteln sind dem Beschwerdeführer die außergerichtlichen Kosten des Beschwerdegegners aufzuerlegen, § 84 FamFG. Voraussetzung ist jedoch auch dann, dass dem Gegner erkennbar außergerichtliche Kosten tatsächlich entstanden sind. Dies war im Beispielsfall nicht gegeben.

3. Vgl. § 69 FamFG.

Nr. 27. Beschwerdeentscheidung in Erbscheinssachen

Oberlandesgericht München
Az: 31 Wx 12/19
AG Traunstein 7 VI 838/18

BESCHLUSS

Der 31. Zivilsenat des Oberlandesgerichts München hat unter Mitwirkung des Vorsitzenden Richters am Oberlandesgericht Roth, des Richters am Oberlandesgericht Dr. Seiler und der Richterin am Oberlandesgericht Frei[1]

am 17. Juni 2019

in der Nachlasssache

Friedrich Walter, verstorben am 5. August 2017, zuletzt wohnhaft in Traunstein,

Beteiligte:

1. Hilde Walter, Hauptstr. 7, 83278 Traunstein
2. Franz Walter, Goethestr. 7, 83278 Traunstein

wegen Erbscheinserteilung

beschlossen:[2, 3]

I. Der Beschluss des Amtsgerichts Traunstein – Nachlassgericht – vom 5. März 2018 wird aufgehoben.
II. Das Amtsgericht Traunstein wird angewiesen, einen Erbschein zu erteilen, der die Beteiligte zu 1 als Alleinerbin des … ausweist.
III. Der Geschäftswert des Beschwerdeverfahrens wird auf 38.000,– € festgesetzt.

Gründe:

I.

Sachdarstellung (vgl. Nr. 26)

II.

Rechtliche Würdigung (Zulässigkeit und Begründetheit der Beschwerde).

Roth	*Dr. Seiler*	*Frei*
(Roth)	(Dr. Seiler)	(Frei)
Vorsitzender Richter am OLG	Richter am OLG	Richterin am OLG

Anmerkungen

1. Der Senat des Oberlandesgerichts kann nach § 68 Abs. 4 FamFG i. V. m § 526 ZPO die Sache auch dem Einzelrichter übertragen.

2. Das Beispiel betrifft den Fall, dass
   a) das Nachlassgericht einen Feststellungsbeschluss, § 352e FamFG, dahin erlassen hat, es werde den von Franz Walter beantragten Erbschein erteilen; die gesetzliche Erbin hat dagegen Beschwerde eingelegt.
   b) dieser Feststellungsbeschluss aber inhaltlich nicht gerechtfertigt war, da das Testament keinen hinreichenden Anhaltspunkt für eine Erbeinsetzung des Antragstellers bietet;
   c) die verfahrensrechtlichen und materiellrechtlichen Fragen geklärt sind und ein entsprechender Erbscheinsantrag der Beschwerdeführerin dem Amtsgericht vorliegt.

3. Weitere Beispiele für Beschlussformeln:
   I. Die Beschwerde der … gegen den Beschluss des Amtsgerichts Traunstein vom … wird zurückgewiesen.
   II. Die Beschwerdeführerin trägt die außergerichtlichen Kosten des Beschwerdegegners *(vgl. § 84 FamFG).*
   oder
   I. … Aufhebende Entscheidung …
   II. Die Sache wird an das Amtsgericht Traunstein zurückgegeben
   oder
   II. Auf die Beschwerde der … wird das Amtsgericht Traunstein angewiesen, den dem … erteilten Erbschein einzuziehen (§§ 2361 BGB, 353 FamFG)
   oder
   II. Das Amtsgericht Traunstein wird angewiesen, den im aufgehobenen Beschluss bezeichneten Erbschein nicht zu erteilen.

Will das Oberlandesgericht die Rechtsbeschwerde zulassen, § 70 FamFG, hat es dies im Beschluss ausdrücklich auszusprechen.

B. STRAFRECHT

a) Vorverfahren

Nr. 28. Durchsuchungs- und Beschlagnahmebeschluss

Amtsgericht Dresden[1]
– Ermittlungsrichter –
Az: 3 Gs 37/19

In dem Ermittlungsverfahren gegen
Karl Eggertsen, geb. am 21.2.1947 in Stettin, deutscher Staatsangehöriger, lediger Handelsvertreter, wohnhaft in 01097 Dresden, Hauptstr. 11,

wegen Verdachts des Diebstahls

erlässt das Amtsgericht Dresden durch Richterin am Amtsgericht Spreng am 25.3.2019 folgenden

Beschluss:

Nach §§ 102, 105 Abs. 1, 162 Abs. 1 StPO wird ohne vorherige Anhörung gemäß § 33 Abs. 4 StPO die Durchsuchung der Wohnung des Beschuldigten in der Hauptstraße 11 in Dresden mit Nebenräumen angeordnet. Ferner wird die Beschlagnahme von aufgefundenem Diebesgut (Goldenes Tischfeuerzeug, Notebook „Elite 2015", Geldkassette rot ca. 28 × 22 cm, Formulare und Stempel der Fa. Müller) und von sonstigen Beweismitteln nach §§ 94, 98 StPO angeordnet.

Gründe:

Aufgrund der bisherigen Ermittlungen besteht folgender Verdacht: …*folgt Wiedergabe des strafrechtlich erheblichen Sachverhalts.*

z. B. … In der Nacht vom 15. auf 16.2.2019 brach der Beschuldigte die verschlossene Eingangstür der Büroräume der Fa. Müller KG., Obergasse 18, 01097 Dresden, auf und entwendete die oben aufgeführten Gegenstände. Diese hat er möglicherweise in seiner Wohnung versteckt.

Diese Tat ist strafbar als Diebstahl §§ 242 Abs. 1, 243 Abs. 1 Sätze 1, 2 Nr. 1 StGB. Die Durchsuchung darf nicht zur Nachtzeit erfolgen. §§ 97, 105 Abs. 2 StPO sind zu beachten.

Spreng
(Spreng)
Richterin am Amtsgericht

Anmerkungen

1. Beachte hinsichtlich der örtlichen Zuständigkeit § 162 StPO.

Nr. 29. Haftbefehlsantrag

Staatsanwaltschaft Nürnberg-Fürth
37 Js 1278/19

Verfügung:

I. Versendung vormerken.
II. Urschriftlich mit Akten

an das
Amtsgericht Nürnberg
– Ermittlungsrichter –
mit dem Antrag, gegen

Friedrich Stein, geb. am 5.3.1959 in München, deutscher Staatsangehöriger, geschiedener Monteur, wohnhaft in
80801 München, Hohenzollernstr. 8,

Haftbefehl

zu erlassen.

Der Beschuldigte ist folgender Straftat(en) dringend verdächtig: ... *folgt Schilderung des Sachverhalts, soweit er für den subjektiven und objektiven Tatbestand der verletzten Strafgesetzbestimmung bedeutsam ist.*

z. B. ... Am 3. März 2019 gegen 22.30 Uhr streckte der Beschuldigte am Hauptausgang des Hauptbahnhofs in Nürnberg den Rentner Hans Döberlein durch einen kräftigen Schlag auf den Kopf zu Boden und nahm ihm sodann – wie von Anfang an beabsichtigt – die Geldbörse mit ca. 170,– € Inhalt ab, um sich das Geld anzueignen. Der Geschädigte hat Strafantrag gestellt.

Der Beschuldigte wird daher beschuldigt, ... *folgt Wiedergabe des Straftatbestandes mit den Worten des Gesetzes und Bezeichnung des StGB – Paragraphen.*

z. B. ... einem anderen mit Gewalt in der Absicht rechtswidriger Zueignung eine fremde bewegliche Sache weggenommen und zugleich einen anderen vorsätzlich körperlich misshandelt zu haben,
strafbar als Raub nach § 249 Abs. 1 StGB in Tateinheit (§ 52 StGB) mit vorsätzlicher Körperverletzung nach §§ 223 Abs. 1, 230 Abs. 1 Satz 1 StGB.

Der dringende Tatverdacht ergibt sich aus ... *folgt Angabe der Tatsachen und Beweismittel, die den dringenden Tatverdacht begründen.*

z. B. … aus der Aussage des Augenzeugen Heinrich Bull und der Aussage des Geschädigten, der den Beschuldigten auf Lichtbildern zweifelsfrei als den Täter identifiziert hat.

Es ist der Haftgrund der Fluchtgefahr (*und/oder* Verdunkelungsgefahr *oder* Wiederholungsgefahr) gegeben, weil … *folgen nähere Darlegungen.*

z. B. … weil der geschiedene Beschuldigte, der keiner geregelten Arbeit nachgeht, ohne tiefere soziale Bindungen ist und eine hohe Strafe zu erwarten hat.

Die Haft ist auch verhältnismäßig, § 112 Abs. 1 Satz 2 StPO, angesichts der Schwere des Schuldvorwurfs; weniger einschneidende Erfolg versprechende Maßnahmen zur Verhinderung der Flucht (*und/oder* Verdunkelung *oder* Wiederholung) sind nicht erkennbar.

Nürnberg, den 9. März 2019

Wexmeyer
(Dr. Wexmeyer)
Staatsanwalt

Nr. 30. Haftbefehl

Amtsgericht Bielefeld
– Ermittlungsrichter –
Az: 6 Gs 37/19

Haftbefehl

Gegen den Beschuldigten

Kurt Brenner, geb. am 27.9.1975 in Kulmbach, deutscher Staatsangehöriger, verh., EDV-Techniker, wohnhaft in 33602 Bielefeld, Bahnhofstr. 26,

wird die Untersuchungshaft angeordnet.

Der Beschuldigte ist folgender Straftat(en) dringend verdächtig:

Folgt Schilderung des Sachverhalts, soweit er für die gesetzlichen Merkmale des Straftatbestandes von Bedeutung ist, sowie Zeit und Ort des Tatgeschehens.

Er wird daher beschuldigt, *es folgt die Wiedergabe der gesetzlichen Merkmale des Straftatbestandes.*

strafbar als *gesetzliche Überschrift des Straftatbestandes* gemäß § … StGB.

Der dringende Tatverdacht ergibt sich aus … *folgt Angabe der Tatsachen und der Beweismittel, die den dringenden Tatverdacht begründen, z. B. Zeugenaussagen, Urkunden, Geständnis.*

Die Haft wird angeordnet, weil Fluchtgefahr (*und/oder* Verdunkelungsgefahr *oder* Wiederholungsgefahr, *vgl. § 112 Abs. 2 und 3, § 112a StPO und die Einschränkung in § 113 StPO*) besteht.
Folgt Angabe der Tatsachen, aus denen sich der Haftgrund ergibt.

Die Anordnung der Haft steht zur Bedeutung der Sache und der zu erwartenden Strafe nicht außer Verhältnis.

Weniger einschneidende Maßnahmen im Sinne des § 116 StPO sind nicht Erfolg versprechend.

Bielefeld, den 2.3.2019

Landgraf
(Landgraf)
Richterin am Amtsgericht

Rechtsbehelfsbelehrung

1. Sie können gegen den Haftbefehl **Beschwerde** einlegen.
2. Solange Sie sich in Untersuchungshaft befinden, können Sie **anstelle der Beschwerde** jederzeit die gerichtliche Prüfung beantragen, ob der Haftbefehl aufzuheben oder sein Vollzug auszusetzen ist **(Haftprüfung).** Dies gilt **nicht,** wenn der Haftbefehl erlassen worden ist,

weil der Widerruf der Aussetzung einer Freiheits- oder Jugendstrafe oder einer Unterbringung zu erwarten ist (§ 453c StPO); in diesem Fall können Sie lediglich Beschwerde einlegen.

3. Die Beschwerde bzw. der Antrag auf Haftprüfung ist zu richten
   - **vor** Erhebung der öffentlichen Klage: an das Gericht, das den Haftbefehl erlassen hat,
   - **nach** Erhebung der öffentlichen Klage: an das Gericht, das mit der Sache befasst ist.

4. Das Gericht kann über Ihre Beschwerde ohne **mündliche Verhandlung** entscheiden. Über Ihren Antrag auf Haftprüfung muss dagegen eine mündliche Verhandlung stattfinden, wenn Sie dies ausdrücklich beantragen. Ist aber schon einmal mündlich verhandelt worden, haben Sie **nur dann** einen Anspruch auf eine erneute mündliche Verhandlung, wenn die Untersuchungshaft mindestens drei Monate und seit der letzten mündlichen Verhandlung mindestens zwei Monate gedauert hat. Ein Anspruch auf eine mündliche Verhandlung besteht ferner nicht, solange die Hauptverhandlung andauert oder wenn ein Urteil ergangen ist, das auf eine Freiheitsstrafe oder eine freiheitsentziehende Maßregel der Besserung und Sicherung erkennt.

5. Die Beschwerde bzw. der Antrag auf Haftprüfung sowie der Antrag auf mündliche Verhandlung können **zu Protokoll der Geschäftsstelle** des unter Nr. 3 bezeichneten Gerichts oder **schriftlich** erklärt werden. Sofern Sie sich nicht auf freiem Fuß befinden, können Sie diese Erklärungen auch zu Protokoll der Geschäftsstelle des Amtsgerichts geben, in dessen Bezirk die Anstalt liegt, in der Sie auf behördliche Anordnung verwahrt sind. Die schriftliche Erklärung muss in deutscher Sprache erfolgen.

Nr. 31. Außervollzugsetzung eines Haftbefehls

Amtsgericht München
– Ermittlungsrichter –
3 Gs 138/19 **Haft!**

Ermittlungsverfahren der Staatsanwaltschaft München I

gegen

Hammerer Gerhard, geb. am 12.1.1960 in Ingolstadt, verheirateter Angestellter, wohnhaft in 80333 München, Karlstr. 25,

z.Zt. in Untersuchungshaft in der JVA München-Stadelheim,

wegen Betruges u.a.

I. Beschluss:

Der Haftbefehl des Amtsgerichts München vom 20. März 2019 – 3 Gs 138/19 – wird unter folgenden Auflagen[1] außer Vollzug gesetzt (§ 116 StPO):

1. Der Beschuldigte hat sich täglich zwischen 8 und 9 Uhr persönlich bei der Polizeiinspektion 12, München, Türkenstr. 3, zu melden.
2. Der Beschuldigte hat seinen Reisepass bei der Staatsanwaltschaft München I zu hinterlegen.
3. Der Beschuldigte darf die Stadt München nicht ohne Erlaubnis der Staatsanwaltschaft München I verlassen.
4. Dem Beschuldigten wird untersagt, irgendeine Verbindung mit den Mitbeschuldigten Josef Dürr, Hans Mähling und mit dem Zeugen Joachim Döberl aufzunehmen.
5. Der Beschuldigte leistet eine Sicherheit von 20.000,– € (§ 116a StPO).

München, den 30. März 2019

Vollath
(Vollath)
Richter am Amtsgericht

II. Mit Akten
an die Staatsanwaltschaft
München I
zur weiteren Veranlassung.[2]
München, den 30.3.2019
Vollath
Richter am Amtsgericht

Anmerkungen

1. Auch andere Maßnahmen sind denkbar; sie dürfen jedoch nicht einschneidender sein als die Untersuchungshaft (vgl. dazu Meyer-Goßner/Schmitt § 116 StPO Rn. 5–18).

2. Vgl. § 36 Abs. 2 StPO. Der Staatsanwalt wird den Beschluss an den Beschuldigten zustellen, alle zum Vollzug nötigen Maßnahmen treffen, also die Polizei von Nr. 1, 3 und 4 des Beschlusses verständigen, die Hinterlegung der Sicherheit überwachen und nach Erfüllung der Auflagen Nr. 2 und 5 die Entlassung des Beschuldigten veranlassen.

Nr. 32. Einstellungsverfügung

Staatsanwaltschaft
Mannheim
Az: 8 Js 132/19

Verfügung

I. Das Ermittlungsverfahren gegen

Josef Meier, geb. am 31.7.1967 in Darmstadt, deutscher Staatsangehöriger, lediger Angestellter, wohnhaft in
64293 Darmstadt, Frankfurter Str. 11,

wegen Verdachts des Diebstahls

wird gem. § 170 Abs. 2 StPO eingestellt.[1]

Gründe:[2, 3]

In bedeutsamen *Verfahren wird entsprechend dem Aufbau eines freisprechenden Urteils verfahren, also:*
- *Angabe, was dem Beschuldigten zur Last lag,*
- *Einlassung des Beschuldigten,*
- *Ermittlungsergebnis,*
- *Darlegung, warum aus tatsächlichen oder rechtlichen Gründen kein zur Anklageerhebung hinreichender Tatverdacht gegeben ist, oder dass die Ermittlungen die Unschuld des Beschuldigten ergeben haben,*
- *Hinweis, dass etwaige zivilrechtliche Ansprüche von dieser Verfügung nicht berührt werden.*

In einfacheren Fällen genügt es, nach einem kurzen Hinweis auf den erhobenen Schuldvorwurf sogleich die für die Einstellung maßgebenden tatsächlichen oder rechtlichen Erwägungen darzulegen und mit dem Hinweis abzuschließen, dass etwaige zivilrechtliche Ansprüche nicht berührt werden.

II. Mitteilung mit Abdruck von I an den Anzeigeerstatter.[4]
Die *Mitteilung über die Einstellung des Verfahrens ist dem Antragsteller (§ 171 StPO) im Regelfall formlos zu übersenden. Der Staatsanwalt soll die Zustellung nur dann anordnen, wenn im Einzelfall Anhaltspunkte dafür bestehen, dass mit einer Beschwerde und mit einem Antrag auf Durchführung des Klageerzwingungsverfahrens zu rechnen ist (vgl. Nr. 91 Abs. 2 RiStBV).*

III. Mitteilung von I – *grundsätzlich ohne Gründe* – an den Beschuldigten,[5] *sofern die Voraussetzungen des § 170 Abs. 2 Satz 2 StPO vorliegen. Wurden Zwangsmaßnahmen ergriffen, die eine Entschädigungspflicht auslösen, ist die Verfügung dem Beschuldigten mit Belehrung gemäß § 9 Abs. 1 StrEG zuzustellen (Art und Zeitraum der Strafverfolgungsmaßnahme/zuständiges Gericht).*

IV. Abtragen
Einstellung gemäß § 170 Abs. 2 StPO,
- ☐ weil Täterschaft, Tat oder Tatumstände nicht nachweisbar sind oder die Tat unter keinen Straftatbestand fällt;
- ☐ weil Verschulden fehlt oder nicht nachweisbar ist oder ein Rechtfertigungsgrund oder Schuldausschließungsgrund (z. B. Schuldunfähigkeit) gegeben ist;
- ☐ wegen eines Verfahrenshindernisses (z. B. Verjährung) oder wegen mangelnder Verfahrensvoraussetzungen.

V. *Evtl.* Asservaten gemäß gesonderter Verfügung abwickeln, Urkunden zurück, Beiakten zurückleiten.[6]

VI. *Evtl.* MiStra Nr. … an …[6, 7]

VII. Weglegen.[6]

Mannheim, den 17.3.2019

Horlebuck
(Horlebuck)
Staatsanwalt

Anmerkungen

1. Bei Teileinstellung vgl. das Muster Nr. 33.
2. Gründe sind im Fall des § 171 Satz 1 StPO vorgeschrieben. Auch in anderen Fällen ist zumindest eine kurze Begründung im Hinblick auf eine etwaige dienstaufsichtliche Überprüfung geboten.
3. Bei manchen Staatsanwaltschaften ist es üblich, die Gründe in Ziffer II darzulegen, sofern ein Bescheid an den Antragsteller zu erteilen ist.
4. Sofern dem Antragsteller ein Beschwerderecht nach §§ 171, 172 StPO zusteht, ist es sinnvoll, ihm die Einstellungsverfügung förmlich zuzustellen, um den Fristablauf feststellen zu können. In der Praxis wird dies aus Gründen der Kostenersparnis häufig nicht angeordnet (vgl. Nr. 91 Abs. 2 RiStBV).
5. Sofern dem Beschuldigten möglicherweise Ansprüche nach dem StrEG zustehen, ist ihm die Einstellungsmitteilung mit entsprechender Belehrung förmlich zuzustellen (§ 9 Abs. 1 Satz 4 und 5 StrEG).
   Im Falle eines Beschwerderechts des Antragstellers ist es zweckmäßig, die Mitteilung an den Beschuldigten zurückzustellen, bis feststeht, dass keine Beschwerde eingelegt worden ist.
6. Ziffer V, VI, VII sind nur sinnvoll, wenn dem Antragsteller keine Beschwerde nach § 172 StPO zusteht. Anderenfalls ist nach Ziffer I, II und IV zu verfügen: „Wiedervorlage 3 Wochen" und erst nach Ablauf der Frist wie Ziffer III, V–VII zu verfügen.
7. Die Bekanntmachung über die Mitteilungspflichten in Strafsachen (MiStra) regelt, wann anderen Behörden oder Stellen Mitteilungen von Ermittlungsverfahren zu machen sind. Ist bereits die Einleitung des Ermittlungsverfahrens mitgeteilt worden, ist es besonders wichtig, auch die Einstellung mitzuteilen.

Nr. 33. Teileinstellung[1, 2]

Staatsanwaltschaft Traunstein **Haft!**
Az.: 23 Js 2034/19 (bei Haftsachen gem. Nr. 52 RiStBV)

Ermittlungsverfahren gegen

Markus Reithofer, geb. am 12.5.1985 in Prien, deutscher Staatsangehöriger, lediger Anlageberater, wohnhaft Chiemseestr. 12, 83242 Reit im Winkl

wegen Verdachts des Diebstahls

Verfügung

I. Das Ermittlungsverfahren wird gemäß § 170 Abs. 2 StPO eingestellt, soweit dem Beschuldigten zur Last liegt, am … in … zu haben (*Kurzbezeichnung der zur Last liegenden Straftat,* z. B. dem A. den PKW BMW 525, amtl. Kennzeichen M–AS 979, entwendet zu haben).

Gründe:

Ein Tatnachweis kann nicht geführt werden, weil …

Einstellungsgründe angeben (tatsächlich/rechtlich/prozessual)

II. Mitteilung von I. an den Anzeigeerstatter zustellen mit Beschwerdebelehrung.

III. Mitteilung von I. formlos und ohne Gründe an den Beschuldigten (bzw. Verteidiger).

IV. Die Ermittlungen sind abgeschlossen, § 169a StPO.

V. *ggfls. Vermerk zur Anklage.*

VI. Anklage (oder Strafbefehlsantrag) nach gesonderter Verfügung.

VII. MiStra (z. B. Nr. 13, 43, 45); *ggfls. Mitteilung nach § 114d Abs. 2 S. 2 StPO.*

VIII. Zählkarte abtragen (Anklage)

IX. Handakte anlegen mit einer Abschrift der Anklage und BZR-Auszug

X. WV (Handakte) m. E. sp. 3 Monate (bei Haftsachen entsprechend der Frist nach § 121 StPO kürzer)

XI. Mit Akten an das Amtsgericht Traunstein – Strafrichter – (ggfls. mit begleitendem Antrag wie z. B. nach § 112 StPO, § 111a/b StPO oder § 111b/e StPO).

Traunstein, den 29.3.2019

Gugler
(Gugler)
Staatsanwältin

Anmerkungen

1. Von der Teileinstellung (bei mehreren prozessualen Taten) ist zu unterscheiden der Fall, dass bezüglich einer einheitlichen Tat einer von mehreren zunächst in Betracht gezogenen rechtlichen Gesichtspunkten entfällt (z. B. die Tat nicht als versuchter Totschlag, sondern als gefährliche Körperverletzung zu beurteilen ist). In diesem Fall werden die maßgebenden Erwägungen – ohne Mitteilungen – nur in einem Vermerk aktenkundig gemacht; im Übrigen wird bezüglich der Tat nach Nr. 35 oder 36 verfahren.

2. Davon ist zu unterscheiden der Fall der **Beschränkung der Strafverfolgung** gemäß § 154a StPO, wenn trotz der Strafbarkeit einzelner abtrennbarer Teile einer Tat oder trotz mehrerer Gesetzesverletzungen, die durch dieselbe Tat begangen worden sind, die Verfolgung auf die übrigen Teile der Tat oder die übrigen Gesetzesverletzungen beschränkt wird. In diesem Fall ist die Beschränkung aktenkundig zu machen (§ 154a Abs. 1 Satz 3 StPO). Im Übrigen wird nach Nr. 35 oder Nr. 36 verfahren mit der Maßgabe, dass auf die Beschränkung der Strafverfolgung im Strafbefehlsantrag oder in der Anklageschrift im Anklagesatz hinzuweisen ist (Nr. 101a Abs. 3 RiStBV).

Zivil R.- Ansprüche
hiervon nicht berührt.

– Abschrift der Verfügung
Kopie Zeugenvernehmung
Kopie Angeschuldigtenvernehmung

Nr. 34. Klageerzwingungsschrift

Dr. Wilhelm Heumüller
Rechtsanwalt

80331 München, 24.5.2019
Marienplatz 5/III

An das
Oberlandesgericht
München
– Strafsenat –

Betreff: Ermittlungsverfahren der Staatsanwaltschaft München II
– 32 Js 1560/18 –

gegen

Hüstler Georg, geb. am 25.11.1963 in Hamburg, verheirateter Angestellter, wohnhaft in 85354 Freising, Wippenhauserstr. 48, wegen Betruges

Klageerzwingungsantrag

Namens und im Auftrag meines Mandanten, Erich Domberger, Architekt, Petuelstr. 17, 85356 Freising, dessen auf mich lautende Vollmacht ich beifüge,

beantrage ich

> gerichtliche Entscheidung gegen den ablehnenden Bescheid des Generalstaatsanwalts beim Oberlandesgericht München vom 17. Mai 2018 dahingehend, die Erhebung der öffentlichen Klage gegen den Beschuldigten Georg Hüstler wegen Betruges zu beschließen.

Begründung:[1]

1. Nach dem Ermittlungsergebnis liegt dem Beschuldigten folgender Sachverhalt zur Last: …*folgt Schilderung des Sachverhalts, d.h. Ort, Zeit, nähere objektive und subjektive Umstände des Tatgeschehens, und zwar so vollständig, dass sich daraus bei Unterstellung des hinreichenden Tatverdachts die Erhebung der öffentlichen Klage wegen der so beschriebenen Tat i.S. des § 264 StPO formell und materiell rechtfertigt, also auch evtl. rechtzeitig gestellten Strafantrag mit darlegen. Aus dem Vortrag muss sich auch die Verletzteneigenschaft und die Antragsbefugnis des Antragstellers ergeben.*
2. Als Beweismittel bezeichne ich: …
Alle geeigneten, eventuell auch neuen Beweismittel sind anzuführen, und zwar auch die zu den formellen Behauptungen, also etwa zur Antragsberechtigung Angehöriger die entsprechenden Geburtsurkunden.
3. Wegen dieses Sachverhalts hat mein Mandant am … bei der Staatsanwaltschaft München II schriftlich Anzeige erstattet. Die Staatsanwaltschaft hat das Ermittlungsverfahren am … gemäß § 170 Abs. 2 StPO eingestellt. Zur Begründung hat sie ausgeführt: …

4. Gegen diesen, meinem Mandanten am ... zugestellten Einstellungsbescheid hat mein Mandant schriftlich am ...[2] bei der Staatsanwaltschaft München II Beschwerde eingelegt und darauf hingewiesen, dass ... *folgt Darlegung des Beschwerdevorbringens.*
   Der Oberstaatsanwalt der Staatsanwaltschaft München II hat der Beschwerde mit folgender Begründung nicht abgeholfen: ...
5. Der Generalstaatsanwalt beim Oberlandesgericht München hat mit Bescheid vom ... die Beschwerde als unbegründet verworfen und dazu im Wesentlichen ausgeführt: ...
6. Dieser, meinem Mandanten am ...[2] zugestellte Bescheid entspricht nicht der Sach- und Rechtslage.
   Vielmehr besteht ein zur Anklageerhebung hinreichender Verdacht gegen den Beschuldigten, weil ... *(folgt Darlegung, aus welchen tatsächlichen oder rechtlichen Gründen die im ablehnenden Bescheid angeführten Erwägungen nicht zutreffen einschließlich entsprechender Hinweise auf die Beweislage und die Geeignetheit vorhandener Beweismittel).*

Anlage: 1 Vollmacht
... *(evtl. Urkunden als Beweismittel zum Sachvortrag)*

Dr. Heumüller
(Dr. Heumüller)
Rechtsanwalt

Anmerkungen

1. Bezugnahmen auf Schriftstücke, auch auf Bescheide der Staatsanwaltschaft, sind unzulässig (vgl. Meyer-Goßner/Schmitt § 172 StPO Rn. 30).
2. Die Beschwerdefrist gegen den Einstellungsbescheid der Staatsanwaltschaft beträgt 2 Wochen (§ 172 Abs. 1 Satz 1 StPO).
   Eine verspätete Beschwerde wird als Dienstaufsichtsbeschwerde behandelt. In diesem Falle ist das Klageerzwingungsverfahren ausgeschlossen, auch wenn der Bescheid des Generalstaatsanwalts äußerlich dem Bescheid nach § 172 Abs. 2 Satz 1 StPO ähnelt, gegen den innerhalb eines Monats ab Bekanntmachung Antrag auf gerichtliche Entscheidung gestellt werden kann.

Nr. 35. Strafbefehl

Amtsgericht München
442 Cs 61 Js 36.948/19

Herrn
Herbert Schuster
geb. 10.12.1961 in Plattling
Kaufmann
Plinganserstr. 57
81369 München

Verteidigerin: Rechtsanwältin Dr. Maria Hornung, Maximilianstr. 30, 80539 München

Die Ermittlungen der Staatsanwaltschaft ergaben folgenden Sachverhalt:

Folgt strafrechtlich erheblicher Sachverhalt nach Zeit, Ort und tatbezogenen Umständen sowie Angaben über etwa gestellten Strafantrag

z. B. Am 11.3.2019 gegen 11 Uhr entwendeten Sie in der Wohnung der Zeugin Anna Weigel in München, Elsenheimerstr. 10/I, eine schwarze Aktentasche mit einer Patentschrift des Geschädigten Dr. Ing. Paul Berger, um diese für sich zu verwerten.

Sie werden daher beschuldigt, ...

z. B. ... einem anderen eine fremde bewegliche Sache in der Absicht weggenommen zu haben, sich dieselbe rechtswidrig zuzueignen,

strafbar als Diebstahl gemäß § 242 Abs. 1 StGB.

Beweismittel:

a) Zeugen: Anna Weigel, Elsenheimerstr. 10/I, 80687 München,
Dr. Paul Berger, Lindenstr. 3, 85591 Vaterstetten,
PHM Klaudia Bauer, Polizeipräsidium München

b) Urkunden: Auszug aus dem Bundeszentralregister

Auf Antrag der Staatsanwaltschaft wird gegen Sie eine Geldstrafe von 50 Tagessätzen verhängt. Der Tagessatz beträgt 40,– €. Somit beträgt die Geldstrafe insgesamt 2000,– €. An die Stelle einer uneinbringlichen Geldstrafe tritt für jeden Tagessatz ein Tag Freiheitsstrafe.

Sie haben die Kosten des Verfahrens und Ihre Auslagen zu tragen.

Rechtsbehelfsbelehrung

Gegen den anliegenden Strafbefehl können Sie innerhalb von 2 Wochen nach Zustellung Einspruch einlegen.
Der Einspruch kann auf einzelne Beschwerdepunkte beschränkt werden.
Es besteht insbesondere die Möglichkeit, den Einspruch auf die Höhe der Tagessätze einer festgesetzten Geldstrafe zu beschränken. Dies empfiehlt sich insbesondere

dann, wenn Sie den Schuldspruch akzeptieren wollen, die festgesetzte Tagessatzhöhe jedoch nicht mit Ihren wirtschaftlichen Verhältnissen übereinstimmt.
In diesem Fall besteht die Möglichkeit, ohne Durchführung einer Hauptverhandlung durch Beschluss zu entscheiden, falls Sie sich ausdrücklich mit dieser Vorgehensweise einverstanden erklären. Es empfiehlt sich zudem die Vorlage aussagekräftiger Belege bezüglich Ihres monatlichen Nettoeinkommens sowie eventueller Unterhaltsleistungen.
Von der Festsetzung im Strafbefehl darf im Beschluss nicht zu Ihrem Nachteil abgewichen werden.
Im Übrigen findet bei rechtzeitigem Einspruch eine Hauptverhandlung statt, falls Sie nicht Ihren Einspruch zurücknehmen.
Wollen Sie nur die Entscheidung über die Verfahrenskosten und die notwendigen Auslagen anfechten, so können Sie hiergegen, wenn der Wert des Beschwerdegegenstandes 200,00 € übersteigt, binnen einer Woche nach Zustellung des Strafbefehls sofortige Beschwerde einlegen.
Der Einspruch bzw. die sofortige Beschwerde können bei dem unten bezeichneten Amtsgericht schriftlich oder zu Protokoll der Geschäftsstelle eingelegt werden. Bei schriftlichen Erklärungen genügt es zur Fristwahrung nicht, dass die Erklärung innerhalb der Frist zur Post gegeben wird. Die Frist ist vielmehr nur dann gewahrt, wenn die Erklärung vor Ablauf der Frist bei dem Gericht eingeht.

München, den 30.5.2019

Bayerlein
(Bayerlein)
Richterin am Amtsgericht

Vfg.

I. Förmlich zustellen an den Beschuldigten und die Verteidigerin *(vgl. § 409 Abs. 1 Satz 1 Nr. 7, § 35 Abs. 2 Satz 1 StPO).* [1, 2, 3]

II. Wiedervorlage mit Einspruch oder nach Fristablauf.

Bauer
(Bauer)
Richter am Amtsgericht

Anmerkungen

1. In Betracht kommt ferner:
   a) Zustellung an den Wahlverteidiger, dessen Vollmacht sich bei den Akten befindet, sowie an den bestellten Verteidiger (§ 145a Abs. 1 StPO).
   b) Zustellung an einen Zustellungsbevollmächtigten des Beschuldigten (vgl. § 116a Abs. 3, § 132 Abs. 1 Satz 1 Nr. 2 StPO).
   c) formlose Mitteilung an den gesetzlichen Vertreter des Beschuldigten (§ 409 Abs. 2 StPO).
   d) die Beifügung einer Übersetzung des Strafbefehls und der in ihm enthaltenen Einspruchsbelehrung für Ausländer (Nr. 181 Abs. 2 RiStBV).

2. Ersatzzustellung (§ 37 Abs. 1 StPO, §§ 180f. ZPO) ist zulässig (BVerfGE 25, 158 und 26, 315), nicht jedoch die öffentliche Zustellung nach § 40 StPO (str., vgl. Meyer-Goßner/Schmitt § 409 StPO Rn. 21).

3. Der Richter hat Art und Adressat der Zustellung anzuordnen.

Nr. 36. Anklageschrift

Staatsanwaltschaft
Würzburg
12 Js 1058/19 **Haft!**

Anklageschrift

in der Strafsache gegen

Hans-Joachim Rank, geb. am 23.4.1960 in Berlin, deutscher Staatsangehöriger, verh. Dachdeckermeister, wohnhaft in 68309 Mannheim, Bahnhofstr. 6,

Wahlverteidiger: Rechtsanwalt Dr. Müller
Ruhrstr. 2, 68167 Mannheim,

In Haftsachen: Angabe der Dauer der U-Haft oder der einstweiligen Unterbringung unter Angabe des gegenwärtigen Haft- bzw. Unterbringungsortes; weiterhin Hinweis darauf, ob sich der Angeschuldigte „in dieser Sache“ oder „in anderer Sache“ – Az – in U-Haft bzw. in einstweiliger Unterbringung befindet.
Ist der Angeschuldigte in Strafhaft, so sind der Haftort und der voraussichtliche Entlassungstag anzugeben.
Auch die Haftprüfungstermine sind hier zu vermerken.

Ablauf der Frist
nach § 121 Abs. 1 StPO: …

Die Staatsanwaltschaft legt auf Grund ihrer Ermittlungen dem Angeschuldigten folgenden Sachverhalt zur Last[1]:
folgt Schilderung des Sachverhalts, d.h. des historischen Ablaufs der „Tat“ mit Zeit und Ort, die den Gegenstand der Anklage bildet. Die Darstellung soll möglichst kurz sein und sich auf die wesentlichen objektiven und subjektiven Tatumstände beschränken, deren Angabe notwendig, aber auch ausreichend ist, um die dem Angeschuldigten zur Last gelegten Handlungen und damit den Prozessgegenstand i.S. des § 264 StPO genau und eindeutig zu umreißen. Die Schilderung des Sachverhaltes hat dabei immer vom verletzten Straftatbestand auszugehen.
Alle Tatsachenfeststellungen, die nicht zur „Bezeichnung der Tat“ gehören, insbesondere die Vorgeschichte und alle Nebenumstände der Tat, sind beim „wesentlichen Ergebnis der Ermittlungen“ darzustellen, sofern ein solches beigefügt wird, vgl. § 200 Abs. 2 StPO.
Der Angeschuldigte wird daher beschuldigt,
folgt Wiedergabe des gesetzlichen Tatbestandes der dem Angeschuldigten zur Last gelegten Straftat in einem Nebensatz oder mehreren aneinander gereihten Nebensätzen im Infinitiv,

z.B.: einem anderen eine fremde bewegliche Sache in der Absicht weggenommen zu haben, sich diese rechtswidrig zuzueignen,

strafbar als Diebstahl gemäß § 242 Abs. 1 StGB.

– *Bei Vorliegen mehrerer Straftatbestände ist auch anzuführen, ob Tateinheit oder Tatmehrheit angenommen wird.*

Wesentliches Ergebnis der Ermittlungen:[2, 3]

In diesem Abschnitt sind in knapper Form alle die Angaben zu bringen, die für das weitere gerichtliche Verfahren von Bedeutung sind, wie Einlassung des Angeschuldigten, beabsichtigte Beweisführung, etwaige einschlägige Vorstrafen oder sonstige täterbezogene Umstände der Tat, eventuell Rechtsausführungen (etwa zur Verjährung).

z.B.: Der Angeschuldigte räumt den äußeren Sachverhalt der Wegnahme des Geldkoffers ein. Er gibt jedoch an, er habe dabei keine Gewalt angewandt. Die Einlassung des Angeschuldigten wird jedoch durch die Aussage des Zeugen Schulze und das Gutachten des Sachverständigen Dr. Weinberg vom ... über die Verletzungen des Zeugen Schulze widerlegt. Danach ...

Zur Aburteilung ist das Landgericht Würzburg – Große Strafkammer – zuständig (§§ 24, 74, 76 GVG; §§ 7, 8 StPO).

Ich erhebe die öffentliche Klage und beantrage,

a) das Hauptverfahren zu eröffnen und die Anklage zur Hauptverhandlung vor dem Landgericht Würzburg – Strafkammer – zuzulassen,
b) einen Termin zur Hauptverhandlung anzuberaumen,
c) *In Haftsachen:*
die Fortdauer der Untersuchungshaft des Angeschuldigten anzuordnen, weil die Haftgründe fortbestehen.
d) *Falls der Angeschuldigte noch keinen Verteidiger hat und ein Fall notwendiger Verteidigung vorliegt:*
dem Angeschuldigten einen Verteidiger zu bestellen.

Als Beweismittel bezeichne ich:

1. Zeugen: ... (ladungsfähige Anschrift)
2. Sachverständige: ...
3. Urkunden: ... (insbesondere Auszug aus dem Bundeszentralregister)
4. Sonstige Beweismittel: ...

Würzburg, den 24.5.2019

Hamburger
(Hamburger)
Staatsanwalt

Anmerkungen

1. In manchen Bundesländern wird der Anklagesatz anders aufgebaut, z. B. in

   a) **Nordrhein-Westfalen** wie folgt:

Anklageschrift

Der Dachdeckermeister Hans-Joachim Rank, geb. am 23.4.1960 in Berlin, wohnhaft in ..., Deutscher, verheiratet, wird angeklagt,
in ... am ...
durch zwei selbständige Taten *folgt die Wiedergabe der gesetzlichen Tatbestandsmerkmale*

z. B.
1. einem anderen mit Gewalt fremde bewegliche Sachen in der Absicht rechtswidriger Zueignung weggenommen zu haben
2. ...

Dem Angeschuldigten wird folgendes zur Last gelegt: *folgt Schilderung des Sachverhalts, d. h. des historischen Ablaufs der „Tat“, die Gegenstand der Anklage ist*
Vergehen strafbar nach *folgt die Bezeichnung der verletzten Strafvorschriften*

Beweismittel: ...

Wesentliches Ergebnis der Ermittlungen *(soweit erforderlich)*

Antrag ...
Unterschrift

   b) **Niedersachsen** wie folgt:

Anklageschrift

Der Kranführer Willi Wuff, zuletzt wohnhaft in der Alsterstraße 3, 22042 Hamburg, geb. am 13.3.1969 in Lübeck, ledig, Deutscher
wird angeklagt,

in Hamburg

in der Zeit vom ... bis ...

durch zwei Straftaten *folgt die Wiedergabe der gesetzlichen Tatbestandsmerkmale*

z. B. zur Täuschung im Rechtsverkehr eine unechte Urkunde hergestellt und gebraucht zu haben, indem er *folgt der konkrete Anklagesatz*

Vergehen, strafbar nach §§ 267 Abs. 1, 53 StGB

Beweismittel: ...

Wesentliches Ergebnis der Ermittlungen: ...

Es wird beantragt, das Hauptverfahren zu eröffnen.

(Unterschrift) Staatsanwalt

2. Anklageschriften zum Amtsrichter als Strafrichter brauchen das wesentliche Ergebnis der Ermittlungen nicht darzustellen (§ 200 Abs. 2 S. 2 StPO).

3. Bei Anklagen zur Großen Strafkammer des Landgerichts sind anschließend an das wesentliche Ergebnis der Ermittlungen im Falle des § 24 Abs. 1 Nr. 3 GVG etwaige Feststellungen über die besondere Bedeutung des Falles zu treffen.

b) Zwischenverfahren

Nr. 37. Eröffnungsbeschluss

Amtsgericht Hof **Haft!**
Az: 3 Ls 2 Js 67/19

I. Beschluss:

In dem Strafverfahren gegen
Georg Schulz, geb. am 13.11.1964 in Brünn, deutscher Staatsangehöriger, verh., Porzellanmaler, wohnhaft in 95100 Selb, Marktplatz 6,

wegen Meineides
erlässt das Amtsgericht Hof – Strafgericht – durch Richterin am Amtsgericht Kreuzer am 24.5.2019 folgenden

Eröffnungsbeschluss:

Die Anklage der Staatsanwaltschaft Hof vom 28.4.2019 – 2 Js 67/19 – wird – evtl. mit folgenden Änderungen … – zur Hauptverhandlung vor dem Amtsgericht Hof – Schöffengericht – zugelassen (§§ 7, 8, 203, 207 StPO, §§ 24, 25 GVG).
Gem. §§ 207 Abs. 4, 112 StPO wird die Fortdauer der Untersuchungshaft des Angeklagten beschlossen, weil Fluchtgefahr besteht.
Nächster Haftprüfungstermin: 23.6.2019.

II. Verfügung:
1. Beschluss zustellen an
   Angeklagten (Bl. …)
   Verteidiger (Bl. …)
   Von der Haftfortdauer sind zu benachrichtigen: ….
2. Termin zur Hauptverhandlung vor dem Schöffengericht wird bestimmt
   auf ...., den ...., ... Uhr
   Sitzungssaal ...., Hof, Amtsgerichtsgebäude
3. Zu laden sind:
   a)
   a) der Angeklagte (Bl. …)
   b) der Verteidiger (Bl. …)
      die Zeugen
   c) …… (Bl. …)
   d) …… (Bl. …)
   e) …… (Bl. …)
   f) der Sachverständige ……. (Bl. …)
   g) der Dolmetscher ……

4. Terminmitteilung an die Staatsanwaltschaft Hof
5. Verhandlungskalender, Register
6. WV. ... Tage vor dem Termin

Kreuzer
(Kreuzer)
Richterin am Amtsgericht

Anmerkung

Bei der **Nichteröffnung** (vgl. § 204 StPO) muss aus den Gründen des Beschlusses eindeutig hervorgehen, ob die Entscheidung auf tatsächlichen oder Rechtsgründen beruht, um Klarheit darüber zu schaffen, ob eine Sachentscheidung oder eine Prozessentscheidung getroffen ist. Wegen des (eingeschränkten) Strafklageverbrauchs bei Sachentscheidung (§ 211 StPO) ist in den Gründen der Tatvorwurf (vgl. § 264 StPO) in einer jede Verwechslung ausschließenden Weise zu beschreiben. Zugleich ist über Kosten und evtl. Entschädigung (vgl. §§ 464, 467, 470 StPO, § 8 StrEG) und evtl. über die Aufhebung eines Haftbefehls (§ 120 Abs. 1 Satz 2 StPO) oder Unterbringungsbefehls (§ 126a Abs. 3 StPO) oder einer Beschlagnahme zu entscheiden. Zur Bekanntmachung des Nichteröffnungs-Beschlusses vgl. Meyer-Goßner/Schmitt § 204 StPO Rn. 12.

c) Hauptverfahren

Nr. 38. Plädoyer des Staatsanwalts

1. Das auf Verurteilung abzielende Plädoyer

   Aufbau:
   a) Sachverhaltsdarstellung
   b) Beweiswürdigung
   c) Rechtliche Würdigung
   d) Strafzumessung im weiteren Sinne
      aa) Strafrahmen
      bb) Strafzumessung
   e) Anträge

   „Hohes Gericht, Herr (Frau) Verteidiger(in),

   Aufgrund der heutigen Hauptverhandlung stellt sich der Sachverhalt wie folgt dar … *es folgt die Schilderung des Sachverhalts (Imperfekt).*

   Dieser Sachverhalt steht fest aufgrund des Ergebnisses der Beweisaufnahme … *(Einlassung des Angeklagten, Zeugenaussagen …)*

   Der Angeklagte hat sich damit eines Diebstahls nach § 242 Abs. 1 StGB schuldig gemacht … *es folgt die rechtliche Würdigung einschließlich der Darstellung der Konkurrenzen.*

   Es ist von folgendem Strafrahmen auszugehen … *(Darstellung des abstrakten Strafrahmens; insbesondere Strafrahmenverschiebungen)*

   Zugunsten/zu Lasten des Angeklagten spricht … *Merkmale des § 46 StGB*

   Damit ist eine Geldstrafe ausreichend … *Wahl der richtigen Strafart*

   Ich beantrage, den Angeklagten zu einer Geldstrafe in Höhe von 60 Tagessätzen zu je 40 € zu verurteilen und ihm die Kosten des Verfahrens aufzuerlegen.“ … *auch Anträge zu Nebenstrafen, Vermögensabschöpfung, Maßregeln der Sicherung und Besserung, Bewährungsauflagen etc.*

2. Plädoyer auf Freispruch

   Aufbau
   a) Darstellung des Tatvorwurfs
   b) Erörterung der tatsächlichen und/oder rechtlichen Gründe für den Freispruch
   c) Antrag *(insbesondere auch zu den Kosten und evt. StrEG)*

3. Plädoyer auf Einstellung

   Aufbau
   a) Darstellung des Tatvorwurfs
   b) Erörterung der Prozessvoraussetzungen bzw. Prozesshindernisse
   c) Antrag *(insbesondere auch zu den Kosten und evt. StrEG)*

Nr. 39. Strafurteil erster Instanz

Landgericht Kassel
1 KLs 13 Js 12.034/18

Im Namen des Volkes!

Urteil

In der Strafsache gegen

Henning Volkert,[1] geboren am 18.6.1965 in Mildenberg, deutscher Staatsangehöriger, verheirateter Walzenführer, wohnhaft in 34125 Kassel, Hauffstr. 37,

wegen Raubes
hat die 1. Strafkammer des Landgerichts Kassel in der öffentlichen Sitzung vom 27.3.2019, an der teilgenommen haben:

1. Vorsitzender Richter am Landgericht Dr. Ernst als Vorsitzender,
2. Richter am Landgericht Dr. Hager und Richterin Stock als Beisitzer,
3. die Schöffen
   a) Irmgard Gehling, Hausfrau in Kassel,
   b) Max Müller, Kaufmann in Kassel,
4. Staatsanwalt Kraft als Vertreter der Anklagebehörde,
5. Rechtsanwalt Dr. Manfred Drechsler, Kassel, als Verteidiger,
6. Justizassistent Danner als Urkundsbeamter der Geschäftsstelle,

für Recht erkannt:[2]

I. Der Angeklagte ist schuldig eines Raubes.
II. Er wird deshalb zu einer Freiheitsstrafe von 3 Jahren und 4 Monaten verurteilt.
III. Der Angeklagte hat die Kosten des Verfahrens zu tragen.

Angewandte Strafvorschrift: § 249 Abs. 1 StGB.

Gründe:[3]

Für das verurteilende Erkenntnis ergibt sich folgender Aufbau:

1. *Persönliche Verhältnisse des Angeklagten, soweit sie für Beweiswürdigung und Strafzumessung von Bedeutung sind.*
2. *Tatsächliche Feststellungen (Sachverhaltsschilderung) nach der Überzeugung des Gerichts, und zwar hinsichtlich des äußeren Tatbestandes, des inneren Tatbestandes und der in § 267 Abs. 2 StPO genannten Umstände (Imperfekt).*
3. *Beweiswürdigung mit Angabe der Beweismittel, wobei mit der Einlassung des Angeklagten begonnen wird.*
4. *Rechtliche Erörterung unter Anführung des Strafgesetzes.*
5. *Strafzumessung*
   a) Bestimmung des Strafrahmens (auch § 46a StGB Täter-Opfer-Ausgleich, Schadenswiedergutmachung)

b) Strafzumessung im engeren Sinne

aa. die Umstände, die für und gegen den Täter sprechen (§ 46 StGB) und je nach Lage des Falles:

bb. besondere Umstände, die in der Tat oder der Persönlichkeit des Täters liegen und eine Freiheitsstrafe unter 6 Monaten unerlässlich machen (§ 47 StGB),

cc. die Strafaussetzung zur Bewährung (§ 56 StGB)

Bei Gesamtstrafe (§ 53 StGB) sind erst die Einzelstrafen nach § 46 StGB zuzumessen, dann ist die sog. Einsatzstrafe, d.h. die höchste oder bei verschiedenen Strafarten die schwerste Einzelstrafe zu ermitteln, schließlich mit Zumessenserwägungen diese im Rahmen von § 54 Abs. 2 StGB zur angemessenen Gesamtstrafe zu erhöhen, § 54 Abs. 1, 2 StGB.

6. Begründung zu etwaigen Nebenstrafen, Vermögensabschöpfung, Nebenfolgen oder Maßregeln der Besserung und Sicherung.

7. Begründung der Kostenentscheidung.

Ernst	*Hager*	*Stock*[4]
(Dr. Ernst)	(Dr. Hager)	(Stock)
Vorsitzender Richter	Richter	Richterin
am Landgericht	am Landgericht	

Anmerkungen

1. Angabe der großen Personalien

Die Vornamen (Rufname unterstreichen), der Familienname, ein etwa abweichender Geburtsname, Beruf, Wohnort, Familienstand, Geburtstag und Geburtsort (Landkreis), Staatsangehörigkeit; bei Minderjährigen Name und Anschrift des gesetzlichen Vertreters.

2. Urteilsformeln (Beispiele)

A. Verurteilung

a) Tateinheit:

„Der Angeklagte ist schuldig des Betruges in Tateinheit mit Urkundenfälschung. Er wird deshalb zur Geldstrafe von 80 Tagessätzen zu je 40,– € verurteilt.
Der Angeklagte trägt die Kosten des Verfahrens."

b) Tatmehrheit; Aussetzung zur Bewährung:

„Der Angeklagte ist schuldig eines Diebstahls in Tatmehrheit mit einem Betrug. Er wird deshalb zur Gesamtfreiheitsstrafe von 8 Monaten verurteilt. Die Vollstreckung der erkannten Freiheitsstrafe wird zur Bewährung ausgesetzt.
Der Angeklagte trägt die Kosten des Verfahrens."

c) Mehrere Täter, Teilfreispruch:

Fall: A, B und C sind Mittäter eines Raubes; außerdem werden sie der Mittäterschaft eines dazu in Tatmehrheit stehenden Betruges beschuldigt; insoweit ist aber nur A überführt:

„Es sind schuldig die Angeklagten A, B und C eines Raubes und A außerdem eines damit in Tatmehrheit stehenden Betruges.
Es werden deshalb verurteilt:
A zur Gesamtfreiheitsstrafe von 3 Jahren
B zur Freiheitsstrafe von 2 Jahren 6 Monaten
C zur Freiheitsstrafe von 2 Jahren 4 Monaten.
Im Übrigen werden die Angeklagten B und C freigesprochen. Soweit die Angeklagten verurteilt sind, tragen sie die Kosten des Verfahrens; soweit die Angeklagten B und C freigesprochen sind, fallen die Verfahrenskosten und ihre notwendigen Auslagen der Staatskasse zur Last."

Zusätze wie „Vergehen", „Verbrechen", „gemeinschaftlich begangen", „in einem schweren Fall" oder „in einem minder schweren Fall" sind wegzulassen.

d) Teilverurteilung/Teileinstellung:
(Beachte: teilweise Freisprechung hat grundsätzlich nur dann zu erfolgen, wenn vom Standpunkt des Eröffnungsbeschlusses aus eine von mehreren im materiellen Sinn tatmehrheitlichen Handlungen unter keinem rechtlichen Gesichtspunkt strafbar ist; bei Tateinheit wird nur in den Gründen ein entfallender rechtlicher Gesichtspunkt erörtert. Vgl. Meyer-Goßner/Schmitt, § 260 RdNr. 10–18.)
„Der Angeklagte wird wegen vorsätzlicher Körperverletzung zur Geldstrafe von 30 Tagessätzen zu je 40,– € verurteilt, im Übrigen wird er freigesprochen (oder: das Verfahren eingestellt).
Soweit der Angeklagte verurteilt ist, trägt er die Verfahrenskosten; soweit er freigesprochen ist (oder: soweit das Verfahren eingestellt worden ist), fallen die Verfahrenskosten und die notwendigen Auslagen des Angeklagten der Staatskasse zur Last.“

e) Inhalt der Urteilsformel im Übrigen:
(1) Nebenstrafen und Nebenfolgen wie
- Verlust der Amtsfähigkeit und Wählbarkeit im Fall des § 45 Abs. 2 StGB
- Fahrverbot
- Öffentliche Bekanntmachung der Verurteilung

(2) Einziehung
- Einziehung von Taterträgen (Vermögensabschöpfung)
- Einziehung von Gegenständen (genau bezeichnen!)

(3) Maßregeln der Besserung und Sicherung wie
- Unterbringung in einem psychiatrischen Krankenhaus
- Unterbringung in einer Entziehungsanstalt
- Unterbringung in Sicherungsverwahrung
- Führungsaufsicht
- Entziehung der Fahrerlaubnis und Sperrfrist
- Berufsverbot

(4) Nichtanrechnung der erlittenen Untersuchungshaft (Ausnahme!)
(5) Strafaussetzung zur Bewährung (vgl. oben 2 A b)
Beachte: Die Einzelanordnungen über die Aussetzung, nämlich die Bestimmung der Bewährungszeit und die Bewährungsauflagen gehören nicht in die Urteilsformel, sondern in einen gesonderten, mit dem Urteil zu verkündenden Beschluss (§ 268a StPO); ebenso Entscheidungen über die Haftfortdauer (§ 268b StPO).
(6) Verwarnung mit Strafvorbehalt (§ 59 StGB). Die Einzelanordnungen hierzu (§ 59a StGB) sind ebenfalls in einem gesonderten Beschluss zu treffen (§ 268a StPO).

B. Freisprechendes Urteil:
„Der Angeklagte wird freigesprochen.
Die Verfahrenskosten und die notwendigen Auslagen des Angeklagten fallen der Staatskasse zur Last.“
oder:
„Der Angeklagte wird freigesprochen. Die Verfahrenskosten trägt die Staatskasse; seine Auslagen trägt der Angeklagte selbst“ (Fall des § 467 Abs. 3 StPO).

C. Einstellendes Urteil:
„Das Strafverfahren gegen den Angeklagten wird eingestellt.
Die Kosten des Verfahrens (*evtl.* und die notwendigen Auslagen des Angeklagten, *sofern nicht § 467 Abs. 3 und 4 StPO gegeben ist*) fallen der Staatskasse zur Last.“

3. Urteilsgründe

A. Bei Freispruch müssen die Urteilgründe ergeben, ob der Angeklagte nicht überführt oder ob und aus welchen Gründen die für erwiesen angenommene Tat für nicht strafbar erachtet worden ist (§ 267 Abs. 5 Satz 1 StPO), d. h. ob der Freispruch auf tatsächlichen oder rechtlichen Gründen beruht.
Danach richtet sich auch der regelmäßige Aufbau.
Bei Freispruch aus tatsächlichen Gründen:
Wiedergabe des im Eröffnungsbeschluss zugelassenen Anklagesatzes (§ 200 Abs. 1 StPO), d. h. des „historischen“ Schuldvorwurfs i. S. von § 264 StPO.

Erwiesener Sachverhalt.
Nicht erwiesener Sachverhalt.
Beweiswürdigung.
Rechtliche Erörterung, soweit noch nötig.
Entscheidung zu Kosten und notwendigen Auslagen.
Bei Freispruch aus Rechtsgründen:
Schilderung der erwiesenen Tat.
Darlegung, aus welchen Gründen diese Tat nicht strafbar ist.
Entscheidung über Kosten und notwendige Auslagen.

B. Bei Einstellung:
Wiedergabe des Anklagevorwurfs.
Rechtliche Erörterung des Prozesshindernisses.
Kosten.

C. Abgekürztes Urteil (vgl. § 267 Abs. 4 und 5 StPO).

4. Besetzung

Gemäß § 76 Abs. 2 Satz 4 GVG kann die große Strafkammer auch mit nur zwei Berufsrichtern und 2 Schöffen besetzt sein.

d) Rechtsmittelverfahren

Nr. 40. Berufungs-(Revisions-)einlegung

Dr. Hans Hübner 55130 Mainz, 18.4.2019
Fachanwalt für Strafrecht Lange Straße 11

An das
Amtsgericht Mainz[1]
– Strafgericht –

In der Strafsache gegen

Heinrich Albert, Angestellter, Haydnstr. 7, 55130 Mainz,

wegen Diebstahls u. a.
Az: 1 Ds 3 Js 362/18

lege ich unter Vollmachtsvorlage für den Angeklagten gegen das Urteil des Amtsgerichts Mainz – Strafgericht – vom 18.4.2019

Berufung (Revision)[2]

ein.

Dr. Hübner
(Dr. Hübner)
Fachanwalt
für Strafrecht

Anmerkungen

1. Adressat ist das Ausgangsgericht (§ 314 Abs. 1 und § 341 Abs. 1 StPO).

2. Vgl. § 335 StPO.

Nr. 41. Berufungsurteil

Landgericht Bamberg
Az: 3 Ns 27 Js 328/18

Im Namen des Volkes!

Urteil

In der Strafsache gegen

Konrad Schwab, geboren am 27.7.1970 in Dortmund, deutscher Staatsangehöriger, verheirateter Dreher, wohnhaft in 44139 Dortmund, Essener Str. 2,

wegen Körperverletzung u. a.

hat die 3. Strafkammer des Landgerichts Bamberg in der öffentlichen Sitzung vom 15.2.2019, an der teilgenommen haben:

1. Vorsitzende Richterin am Landgericht Dr. Oberndorfer
2. die Schöffen
   a) Erwin Schreiber, Kaufmann in Bamberg
   b) Maria Reimann, Hausfrau in Bamberg
3. Staatsanwalt Dr. Meier als Vertreter der Anklagebehörde,
4. Rechtsanwalt Gerhard Großmann, Bamberg, als Verteidiger,
5. Justizsekretärin Müller als Urkundsbeamte der Geschäftsstelle

für Recht erkannt:[1]

I. Auf die Berufung des Angeklagten wird das Urteil des Amtsgerichts Bamberg vom 24.10.2018 aufgehoben.
II. Der Angeklagte wird freigesprochen.
III. Die Verfahrenskosten und die notwendigen Auslagen des Angeklagten fallen der Staatskasse zur Last.

Gründe:

1. Wiedergabe des Straferkenntnisses erster Instanz,
2. Bericht über die Berufungseinlegung,
3. Im Übrigen entspricht der Aufbau des Berufungsurteils dem des verurteilenden, freisprechenden oder einstellenden Strafurteils erster Instanz; vgl. Nr. 39.

Dr. Oberndorfer
(Dr. Oberndorfer)
Vors. Richterin am Landgericht

Anmerkung

Beispiele für Urteilsformeln

A. Die Berufung ist unzulässig oder unbegründet
   I. Die Berufung des Angeklagten gegen das Urteil des Amtsgerichts Bamberg vom 24.10.2018 wird verworfen.
   II. Die Kosten des Berufungsverfahrens fallen dem Angeklagten zur Last.

B. Die Berufung ist nur teilweise begründet
   I. Auf die Berufung des Angeklagten wird das Urteil des Amtsgerichts Bamberg vom 24.10.2018 aufgehoben.
   II. Der Angeklagte wird wegen Diebstahls zu einer Freiheitsstrafe von 6 Monaten verurteilt. Im Übrigen wird er freigesprochen.
   III. Die Kosten des Verfahrens fallen dem Angeklagten, soweit er verurteilt ist, zur Last; soweit er freigesprochen ist, trägt die Staatskasse die Verfahrenskosten und die notwendigen Auslagen des Angeklagten.

C. Die Berufung wurde von vornherein auf das Strafmaß beschränkt
   I. Auf die Berufung des Angeklagten wird das Urteil des Amtsgerichts Bamberg vom 24.10.2018 im Strafmaß aufgehoben.
   II. Der Angeklagte wird zu einer Freiheitsstrafe von 4 Monaten verurteilt.
   III. Die Kosten des Berufungsverfahrens und die notwendigen Auslagen des Angeklagten fallen der Staatskasse zur Last *(vgl. § 473 Abs. 3 StPO).*

Nr. 42. Revisionsbegründung

Dr. Fritz Auer
Rechtsanwalt

94469 Deggendorf, 7.12.2018
Lange Straße 11

An das Landgericht Deggendorf
– 2. Strafkammer –

Revisionsbegründung

in der Strafsache gegen

Max Binder, wegen Diebstahls u. a.
Az: 2 Kls 1 Js 3041/17

Zu der am 16.11.2018 eingelegten Revision gegen das Urteil des Landgerichts Deggendorf vom 9.11.2018:
Ich beantrage:[1]

I. Das Urteil des Landgerichts Deggendorf vom 9.11.2018 wird mit den ihm zugrunde liegenden Feststellungen aufgehoben.

II. Die Sache wird an eine andere Strafkammer des Landgerichts Deggendorf (*oder:* an ein anderes Landgericht) zu erneuter Verhandlung und Entscheidung zurückverwiesen.

Begründung:

I. Vorab weise ich auf folgende von Amts wegen zu berücksichtigende Verfahrenshindernisse hin ...

II. Ich rüge die Verletzung formellen Rechts:[2]
1. Gerügt wird die Verletzung des § 258 Abs. 2 und 3 StPO
Hier sind Verfahrensverstöße einzeln jeweils in folgender Reihenfolge darzustellen:
a) Angabe der prozessualen Tatsache, die einen Verfahrensverstoß begründet (unerlässlich, § 344 Abs. 2 Satz 2 StPO)
z. B. Nach den Schlussvorträgen und dem letzten Wort des Angeklagten wurde der Angeklagte auf die Veränderung des rechtlichen Gesichtspunktes hingewiesen. Er erklärte hierzu nichts. Staatsanwalt und Verteidiger wiederholten ihre Anträge. Danach erhielt der Angeklagte nicht mehr das letzte Wort.
b) Angabe der Beweismittel für die dargestellten Tatsachen (Protokoll, Urteil ...)
z. B. Beweis: Protokoll der Hauptverhandlung vom 9.11.2018
c) Rechtliche Würdigung:
z. B. Damit ist gegen § 258 Abs. 2 und 3 StPO verstoßen. Dem Angeklagten gebührt auch nach Wiedereintritt in die Verhandlung erneut das letzte Wort.

d) *Angabe der Kausalität (§§ 337, 338 StPO). Eine nähere Begründung der Kausalität ist nur im Falle des § 337 StPO notwendig, da § 338 StPO eine unwiderlegliche Vermutung aufstellt,*
z. B. Das Urteil beruht darauf (§ 337 Abs. 1 StPO), weil möglicherweise die unterbundene letzte Erklärung des Angeklagten das Gericht zu einer anderen Entscheidung veranlasst hätte.

2. Gerügt wir die Verletzung des § …

III. Ich rüge ferner die Verletzung materiellen Rechts:[3]
nähere Ausführungen hierzu sind – anders als in der ZPO-Revision – nicht notwendig, jedoch zweckmäßig; z. B.:
1. Das Gericht hat ein Tatbestandsmerkmal der Hehlerei, § 259 Abs. 1 StGB, nämlich „Ausnützen der Vortat zu eigenem Vorteil" strafschärfend berücksichtigt und damit gegen § 46 Abs. 3 StGB verstoßen.
2. Das Gericht hat zu Unrecht die Strafaussetzung zur Bewährung nicht geprüft, § 56 StGB.

Dr. Auer
(Dr. Auer)
Rechtsanwalt

Anmerkungen

1. Der Inhalt der Revisionsanträge richtet sich nach der begehrten Urteilsformel des Revisionsurteils mit einem aufhebenden und einem zur Sache entscheidenden Teil. Beachte, dass unter bestimmten Umständen das Urteil erster Instanz und das Berufungsurteil aufgehoben werden müssen (wenn etwa das Amtsgericht verurteilt und das Landgericht die Berufung verworfen hat, das Revisionsgericht aber freisprechen will).
Als Entscheidungen des Revisionsgerichts kommen in Betracht:
a) Unbegründetheit oder Unzulässigkeit der Revision:
„Die Revision des Angeklagten gegen das Urteil des Landgerichts Deggendorf vom 9.11.2018 wird verworfen. Die Kosten des Rechtsmittels treffen den Angeklagten."
b) Das Landgericht Deggendorf war unzuständig:
„Das Urteil des Landgerichts Deggendorf vom 9.11.2018 wird aufgehoben. Die Sache wird zu erneuter Verhandlung und Entscheidung an das zuständige Landgericht Passau verwiesen."
c) Die Feststellungen des Landgerichts Deggendorf sind nicht zu beanstanden, aber das Gesetz ist falsch angewandt:
– weitere Klärung, sei es auch nur zum Strafmaß, nötig:
„Das Urteil des Landgerichts Deggendorf vom 9.11.2018 wird aufgehoben. Die Sache wird an eine andere Strafkammer des Landgerichts Deggendorf *(oder an ein anderes Landgericht)* zu erneuter Verhandlung und Entscheidung zurückverwiesen."
– keine weitere Klärung nötig:
„Das Urteil des Landgerichts Deggendorf vom 9.11.2018 wird aufgehoben. Der Angeklagte wird freigesprochen. Die Kosten des Verfahrens und die notwendigen Auslagen des Angeklagten trägt die Staatskasse."
d) Die Feststellungen des Landgerichts beruhen auf Gesetzesverletzungen (vgl. Meyer-Goßner/Schmitt § 353 StPO Rn. 12ff.):
„Das Urteil des Landgerichts Deggendorf vom 9.11.2018 wird samt den ihm zugrunde liegenden Feststellungen *(oder: im Strafausspruch mit den zugehörigen Feststellungen)* aufgehoben. Die Sache wird an eine andere Strafkammer des Landgerichts Deggendorf *(oder ein anderes Landgericht)* zurückverwiesen."

2. Der Revisionsrichter muss bei der Prüfung der gerügten Verfahrensfehler mit den Tatsachenangaben in der Revisionsbegründung und den gesetzlichen Bestimmungen auskommen können.
3. Der Revisionsrichter darf nur prüfen, ob das materielle Strafrecht auf den im tatrichterlichen Urteil festgestellten Sachverhalt richtig angewendet worden ist.

e) Wiederaufnahme

Nr. 43. Wiederaufnahmeantrag

Dr. Nora Hanfstengel
Rechtsanwältin

64289 Darmstadt, 17.11.2018
Ebertallee 192

An das
Amtsgericht Bensheim[1]
– Strafgericht –

In der Strafsache gegen

Johann Fischer, Landwirt, Hauptstr. 15, 64347 Griesheim,

wegen Wilderei

beantrage ich als Verteidigerin des Angeklagten, gemäß § 359 Nr. 5 StPO die Wiederaufnahme des durch rechtskräftiges Urteil des Amtsgerichts Darmstadt vom 10.9.2017 (Ds 3 Js 822/16) abgeschlossenen Verfahrens zugunsten des Verurteilten anzuordnen und die Vollstreckung des Urteils aufzuschieben.

Begründung:

Kurze Schilderung des zur Last gelegten Sachverhalts und des Straferkenntnisses. Sodann: Gemäß § 359 Nr. 5 StPO wird folgende neue Tatsache behauptet und unter Beweis gestellt: …

Diese Tatsache ist geeignet, die Freisprechung des Angeklagten zu begründen, weil …

Bei dieser Sachlage ist der Aufschub der Vollstreckung geboten.

Dr. Hanfstengel
(Dr. Hanfstengel)
Rechtsanwältin

Anmerkung

1. Zur Zuständigkeit vgl. § 140a GVG. Der Antrag kann auch bei dem Gericht eingereicht werden, dessen Urteil angefochten wird; dieses leitet dann den Antrag dem zuständigen Gericht zu (§ 367 Abs. 1 Satz 2 StPO).

Nr. 44. Wiederaufnahme des Verfahrens

(1) Beschluss über die Zulässigkeit des Antrags gem. § 368 StPO

Amtsgericht Bensheim[1]
Az: 2 Ds 3 Js 822/16

In der Strafsache gegen

Johann Fischer, geb. am 12.7.1965 in Marxgrün, Lkr. Darmstadt, deutscher Staatsangehöriger, verh., Landwirt, wohnhaft in 64347 Griesheim, Hauptstr. 15,

wegen Wilderei

erlässt das Amtsgericht Bensheim durch Richter am Amtsgericht Dr. Meier am 18.3.2019 folgenden

Beschluss:

Der Wiederaufnahmeantrag des Angeklagten vom 17.11.2018 gegen das Urteil des Amtsgerichts Darmstadt vom 10.9.2017 – 2 Ds 3 Js 822/16 – wird zugelassen.[2]

Gründe:

Kurze rechtliche Würdigung.

z. B. Der Angeklagte hat in dem Wiederaufnahmeantrag neue Tatsachen und Beweismittel beigebracht, die geeignet sind, seine Freisprechung zu begründen (§ 359 Nr. 5 StPO) …

Meier
(Dr. Meier)
Richter am Amtsgericht

Anmerkungen

1. Zur Zuständigkeit vgl. § 140a GVG.
2. Der verwerfende Beschluss würde lauten:
   Der Antrag des Angeklagten auf Wiederaufnahme des durch rechtskräftiges Urteil des Amtsgerichts Darmstadt vom 10.9.2017 abgeschlossenen Verfahrens wird auf seine Kosten als unzulässig verworfen.

(2) Beschluss über die Begründetheit des Antrags gem. § 370 StPO

Amtsgericht Bensheim[1]
Az: 2 Ds 3 Js 822/16 (Rubrum wie oben)

Beschluss:[2]

I. Die Wiederaufnahme des durch rechtskräftiges Urteil des Amtsgerichts Darmstadt vom 10.9.2017 (Ds 3 Js 822/16) abgeschlossenen Verfahrens wird angeordnet.
II. Die Hauptverhandlung ist zu erneuern.
III. Die Vollstreckung des bezeichneten Urteils ist aufzuschieben (*oder:* zu unterbrechen).

Gründe:

a) *Wiedergabe der wesentlichen Gründe des rechtskräftigen Urteils*
b) Der Wiederaufnahmeantrag vom 17.11.2018 macht hierzu folgende Tatsachen und Beweismittel geltend: *folgt Wiedergabe des Wiederaufnahmeantrags*
c) *Feststellung der Zulässigkeit des Antrags:* ......
Die nach Zulassung des Antrags durchgeführte Beweisaufnahme hat ergeben, dass ...
d) *Feststellung der Begründetheit des Antrags:* ......
e) *Begründung zu § 360 Abs. 2 StPO.*

Meier
(Dr. Meier)
Richter am Amtsgericht

Anmerkungen

1. Zur Zuständigkeit vgl. § 140a GVG.
2. Der verwerfende Beschluss würde lauten:
Der Antrag des Angeklagten auf Wiederaufnahme des durch rechtskräftiges Urteil des Amtsgerichts Darmstadt vom 10.9.2016 abgeschlossenen Verfahrens wird auf seine Kosten als unbegründet verworfen.

C. VERWALTUNGSRECHT

I. Verwaltungsverfahren

Nr. 45. Bescheid einer Kreisverwaltungsbehörde

Landratsamt Bayreuth | 95448 Bayreuth, 3.6.2019
4/42 – 137/18

Postzustellungsauftrag

Dr. Waltraut Jackermeier
Meyernberger Straße 23
95447 Bayreuth

Vollzug der Baugesetze;
Antrag auf Erteilung einer baurechtlichen Genehmigung zum Neubau eines Wohnhauses auf dem Grundstück Fl. Nr. 327 der Gemarkung Vorderruh/Gemeinde Bindlach

Anlagen: 1 Kostenrechnung

Sehr geehrte Frau Jackermeier,

mit Schreiben vom 7.12.2018 haben Sie einen Antrag auf Erteilung einer Baugenehmigung zur Errichtung eines Wohnhauses auf dem Grundstück Fl. Nr. 327 der Gemarkung Vorderruh im Gemeindegebiet Bindlach gestellt.

Das Landratsamt Bayreuth als zuständige Baugenehmigungsbehörde erlässt folgenden

Bescheid:

1. Der Antrag auf Erteilung der Baugenehmigung wird abgelehnt.[1]
2. Die Antragstellerin trägt die Kosten des Verfahrens.
   Für diesen Bescheid wird eine Gebühr von 485 € festgesetzt. Die Auslagen betragen 3,45 €.

Gründe:[2]

I.

Darstellung des Sachverhalts, soweit für die rechtliche Begründung von Bedeutung

II.

Rechtliche Würdigung mit Darlegung der wesentlichen Gründe zu formell-rechtlichen und materiell-rechtlichen Fragen (insbesondere Zuständigkeit, Vorliegen der formellen und materiellen Genehmigungsvoraussetzungen)[3] *hier z. B.:*

1. Das Landratsamt Bayreuth ist zur Entscheidung über den Bauantrag sachlich und örtlich zuständig (Art. 53 Abs. 1 BayBO i. V. m. Art. 3 Abs. 1 Nr. 1 BayVwVfG).
2. Der Antrag auf Erteilung der nach Art. 55ff. BayBO erforderlichen Baugenehmigung wird abgelehnt, weil das Vorhaben den öffentlich-rechtlichen Vorschriften, die nach Art. 1, 59 BayBO im bauaufsichtlichen Verfahren zu prüfen sind, widerspricht.

...

III.

Die Kostenentscheidung beruht auf Art. 1 Abs. 1, 2 Abs. 1 BayKG.
Die Höhe der Gebühr ergibt sich aus Art. 5, 6, 8 BayKG i. V. m. dem Kostenverzeichnis zum BayKG. Auslagen in der nach Art. 10 BayKG festgesetzten Höhe sind angefallen für ...[4]

Rechtsbehelfsbelehrung:[5]

Gegen diesen Bescheid können Sie Klage erheben. Die Klage müssen Sie innerhalb eines Monats nach Bekanntgabe dieses Bescheids beim Bayerischen Verwaltungsgericht in Bayreuth,

Hausanschrift: Friedrichstraße 16, 95444 Bayreuth,
Postanschrift: Postfach 11 03 21, 95422 Bayreuth,

schriftlich oder zur Niederschrift des Urkundsbeamten der Geschäftsstelle dieses Gerichts erheben. Die Klage kann beim Verwaltungsgericht Bayreuth auch elektronisch nach Maßgabe der der Internetpräsenz der Bayerischen Verwaltungsgerichtsbarkeit (www.vgh.bayern.de) zu entnehmenden Bedingungen erhoben werden.
In der Klage müssen Sie den Kläger, den Beklagten (Freistaat Bayern)[6] und den Gegenstand des Klagebegehrens bezeichnen, ferner sollen Sie einen bestimmten Antrag stellen und die zur Begründung dienenden Tatsachen und Beweismittel angeben. Der Klageschrift sollen Sie diesen Bescheid beifügen (in Urschrift, in Abschrift oder in Ablichtung), ferner Abschriften oder Ablichtungen der Klageschrift für die übrigen Beteiligten.[7]

Hinweise zur Rechtsbehelfsbelehrung:

- Die Einlegung eines Rechtsbehelfs per einfacher E-Mail ist nicht zugelassen und entfaltet keine rechtlichen Wirkungen!
- Nähere Informationen zur elektronischen Klageerhebung sind der Internetpräsenz der Bayerischen Verwaltungsgerichtsbarkeit (www.vgh.bayern.de) zu entnehmen.
- *(Sofern kein Fall des § 188 VwGO vorliegt:)* Kraft Bundesrechts ist in Prozessverfahren vor den Verwaltungsgerichten grundsätzlich ein Gebührenvorschuss zu entrichten.

Treutlein
Dr. Treutlein, ORR

Anmerkungen

1. Tenorierungsbeispiel:
Hält die Behörde die Genehmigungsvoraussetzungen für gegeben, so erlässt sie z.B. folgenden Bescheid:
„1. Die bauaufsichtliche Genehmigung zum ... auf dem Grundstück ... wird erteilt.
2. Die Baugenehmigung wird mit folgenden Nebenbestimmungen versehen:
2.1 ... ."

2. Zur Begründung von Verwaltungsakten vgl. die Bestimmungen der Verwaltungsverfahrensgesetze (z.B. in Bayern Art. 39 BayVwVfG, in Baden-Württemberg § 39 LVwVfG BW, in Nordrhein-Westfalen § 39 VwVfG NRW).

3. Ist eine begünstigende Entscheidung (Genehmigung) zu treffen, so sind die formellen Voraussetzungen (wie formgerechter Antrag, Genehmigungsbedürftigkeit) und die materiellen Voraussetzungen (Genehmigungsfähigkeit) zu prüfen.
Bei einer belastenden Entscheidung mit Eingriffscharakter sind bei der formellen Prüfung neben der Zuständigkeit die Ordnungsgemäßheit von Verfahren und Form zu beachten, bei der materiellen Prüfung das Vorliegen einer ausreichenden Rechtsgrundlage für die Entscheidung.

4. Auslagen fallen in der Regel an für besondere Zustellarten (hier Postzustellungsauftrag); zu sonstigen festzusetzenden Auslagen vgl. Art. 10 BayKG, § 14 LGebG für BW, § 10 GebG NRW.

5. Gegen baurechtliche Ausgangsbescheide ist unmittelbar Klage zu den Verwaltungsgerichten zu erheben, Art 15 Abs. 2 BayAGVwGO.
Zur Rechtsbehelfsbelehrung in den Fällen, in denen nach wie vor ein (fakultativer) Widerspruch möglich ist, vgl. unten Anmerkung 7.
In Baden-Württemberg ist grds. noch ein Widerspruchsverfahren durchzuführen, vgl. jedoch die Ausnahmen in § 15 Abs. 1 AGVwGO BW. In Nordrhein-Westfalen wurde die Durchführung des Widerspruchsverfahrens abgeschafft, allerdings unter Ausnahmen, vgl. § 110 JustG NRW.

6. Es gilt das Rechtsträgerprinzip, vgl. § 78 VwGO.
Hier ist der Freistaat Bayern Beklagter, weil das Landratsamt als Kreisverwaltungsbehörde entschieden hat (Art. 54 Abs. 1, 53 Abs. 1 BayBO i.V.m. Art. 37 Abs. 1 S. 2 LkrO).
Ist untere Bauaufsichtsbehörde eine kreisfreie Stadt nach Art. 9 Abs. 1 BayGO bzw. eine Große Kreisstadt nach Art. 9 Abs. 2 S. 1 BayGO i.V.m. § 1 Nr. 1 GrKrV, so ist diese jeweils selbst Beklagte.

7. In den Fällen des Art. 15 Abs. 1 BayAGVwGO ist nach wie vor ein Widerspruchsverfahren zulässig, allerdings nur fakultativ.
Bei der Rechtsbehelfsbelehrung ist zu unterscheiden zwischen Verwaltungsakten, die sich an einen und solchen, die sich an mehrere Betroffene richten.
   a) In Fällen, in denen sich der Ausgangsverwaltungsakt an nur einen Betroffenen richtet, lautet die Rechtsbehelfsbelehrung:
   „Gegen diesen Bescheid können Sie innerhalb eines Monats nach seiner Bekanntgabe entweder Widerspruch einlegen (siehe 1.) oder unmittelbar Klage erheben (siehe 2.).
   1. Wenn Sie Widerspruch einlegen:
   Den Widerspruch müssen Sie schriftlich oder zur Niederschrift bei ... *(Behörde, die den Bescheid erlassen hat)* in ... *(Sitz der Behörde)* einlegen. Er kann auch elektronisch mit einer qualifizierten elektronischen Signatur nach dem Signaturgesetz versehen unter der Adresse ... *(E-Mail-Adresse der Behörde)* eingelegt werden. Sollte über den Widerspruch ohne zureichenden Grund in angemessener Frist sachlich nicht entscheiden werden, so können Sie Klage bei dem Bayerischen Verwaltungsgericht ... *(Name des Gerichts)*, Postanschrift: (...), Hausanschrift: (...), schriftlich oder zur Niederschrift des Urkundsbeamten der Geschäftsstelle dieses Gerichts erheben. Die Klage kann beim Bayerischen Verwaltungsgericht ... *(Name des Gerichts)* auch elekt-

ronisch nach Maßgabe der der Internetpräsenz der Bayerischen Verwaltungsgerichtsbarkeit (www.vgh.bayern.de) zu entnehmenden Bedingungen erhoben werden. Die Klage können Sie nicht vor Ablauf von drei Monaten seit der Einlegung des Widerspruchs erheben, außer wenn wegen besonderer Umstände des Falles eine kürzere Frist geboten ist. In der Klage müssen Sie den Kläger, den Beklagten *(Bezeichnung des Beklagten)* und den Gegenstand des Klagebegehrens bezeichnen, ferner sollen Sie einen bestimmten Antrag stellen und die zur Begründung dienenden Tatsachen und Beweismittel angeben. Der Klageschrift sollen Sie diesen Bescheid (in Urschrift, in Abschrift oder in Ablichtung) beifügen. Der Klage und allen Schriftsätzen sollen Sie Abschriften für die übrigen Beteiligten beifügen.

2. Wenn Sie unmittelbar Klage erheben:
Die Klage müssen Sie innerhalb eines Monats nach Bekanntgabe dieses Bescheides beim Bayerischen Verwaltungsgericht ... *(Name des Gerichts),* Hausanschrift: (...), Postanschrift: (...), schriftlich oder zur Niederschrift des Urkundsbeamten der Geschäftsstelle dieses Gerichts erheben. Die Klage kann beim Bayerischen Verwaltungsgericht ... *(Name des Gerichts)* auch elektronisch nach Maßgabe der der Internetpräsenz der Bayerischen Verwaltungsgerichtsbarkeit (www.vgh.bayern.de) zu entnehmenden Bedingungen erhoben werden. In der Klage müssen Sie den Kläger, den Beklagten *(Bezeichnung des Beklagten)* und den Gegenstand des Klagebegehrens bezeichnen, ferner sollen Sie einen bestimmten Antrag stellen und die zur Begründung dienenden Tatsachen und Beweismittel angeben. Der Klageschrift sollen Sie diesen Bescheid (in Urschrift, in Abschrift oder in Ablichtung) beifügen. Der Klage und allen Schriftsätzen sollen Sie Abschriften für die übrigen Beteiligten beifügen.
Hinweise zur Rechtsbehelfsbelehrung:
Die Einlegung eines Rechtsbehelfes per einfacher E-Mail ist nicht zugelassen und entfaltet keine rechtliche Wirkung!
Ein elektronisch eingelegter Widerspruch bei der ... *(Bezeichnung der Behörde)* muss mit einer qualifizierten elektronischen Signatur nach dem Signaturgesetz versehen sein. Eine elektronische Widerspruchseinlegung ohne qualifizierte Signatur ist unzulässig.
Nähere Informationen zur elektronischen Klageerhebung sind der Internetpräsenz der Bayerischen Verwaltungsgerichtsbarkeit (www.vgh.bayern.de) zu entnehmen.
Bei einem erfolgreichen Widerspruch entstehen Ihnen keine Kosten. Ist der Widerspruch erfolglos, so fällt eine Widerspruchsgebühr an, die in der Regel das Eineinhalbfache der vollen Amtshandlungsgebühr beträgt. Wird der Widerspruch zurückgenommen, ist eine Gebühr von einem Zehntel bis zu drei Viertel der Widerspruchsgebühr festzusetzen.
(Sofern kein Fall des § 188 VwGO vorliegt:) Kraft Bundesrecht ist in Prozessverfahren vor den Verwaltungsgerichten grundsätzlich ein Gebührenvorschuss zu entrichten.

b) In Fällen, in denen sich der Ausgangsverwaltungsakt an mehrere gemeinsam Betroffene richtet, ist zu beachten, dass die Gewährung von Rechtschutz einheitlich erfolgen muss. Die Rechtsbehelfsbelehrung lautet deshalb:
„Gegen diesen Bescheid kann jeder von Ihnen innerhalb eines Monats nach seiner Bekanntgabe entweder Widerspruch einlegen (siehe 1.) oder, wenn die übrigen Adressaten dieses Bescheides zustimmen, unmittelbar Klage erheben (siehe 2.).
1. Wenn Sie Widerspruch einlegen:
Den Widerspruch müssen Sie schriftlich oder zur Niederschrift bei *(Behörde, die den Bescheid erlassen hat)* in *(Sitz der Behörde)* einlegen. ... (s. oben)
2. Wenn Sie unmittelbar Klage erheben:
Die Klage müssen Sie innerhalb eines Monats nach Bekanntgabe dieses Bescheides beim Verwaltungsgericht ... *(Name des Verwaltungsgerichts),* Hausanschrift: (...), Postanschrift: (...), schriftlich oder zur Niederschrift des Urkundsbeamten der Geschäftsstelle dieses Gerichtserheben. ... (s. oben)
In den Fällen des fakultativen Widerspruchs sollten die Hinweise zur Rechtsbehelfsbelehrung ergänzt werden.

Hinweise zur Rechtsbehelfsbelehrung:
...
Die Wahl der unmittelbaren Klageerhebung setzt die Zustimmung aller Adressaten des Bescheides voraus. Wirksam zustimmen kann nur, wer keinen Widerspruch eingelegt hat.
Nähere Informationen zur elektronischen Klageerhebung ... (s. oben)

Nr. 46. Aussetzung der Vollziehung

Landratsamt Traunstein
4a/40-26/19

83278 Traunstein, 17.5.2019

Empfangsbekenntnis[1]

1. Rechtsanwältin
   Antonia Karrasek
   Münchner Str. 23
   83209 Prien am Chiemsee

2. Rechtsanwalt
   Karl Westermeier
   Salzburger Str. 41
   83272 Traunstein

Vollzug der Baugesetze;
Neubau eines Bürogebäudes auf dem Grundstück Fl. Nr. 899 der Gemarkung Traunreuth; Bauherr: Alois Kapellmeier, Hagau 21, 83209 Prien am Chiemsee, vertreten durch Rechtanwältin Antonia Karrasek, Münchener Straße 23, 83209 Prien am Chiemsee
hier: Antrag des Hubert Moser, Winkl 2, 83355 Grabenstätt, vertreten durch Rechtsanwalt Karl Westermeier, Salzburger Straße 41, 83727 Traunstein, auf Aussetzung der Vollziehung der Baugenehmigung

Anlagen:
– je eine Kopie des Bescheides
– je ein Empfangsbekenntnis

Sehr geehrte Frau Rechtsanwältin,
sehr geehrter Herr Rechtsanwalt,

das Landratsamt Traunstein als zuständige Bauaufsichtsbehörde hat mit Bescheid vom 18.4.2019 dem Antragsteller, Herrn Alois Kapellmeier, den Neubau eines Bürogebäudes auf dem Grundstück Fl. Nr. 899 der Gemarkung Traunreuth genehmigt. Gegen diesen Genehmigungsbescheid hat Herr Hubert Moser Klage beim zuständigen Verwaltungsgericht erhoben und gleichzeitig mit Antrag vom 13.5.2019 beim Landratsamt Traunstein Antrag auf Aussetzung der Vollziehung gestellt.

Nach Prüfung der Interessen der Beteiligten erlässt das Landratsamt Traunstein folgenden

Bescheid:

Die Vollziehung der mit Bescheid des Landratsamtes Traunstein vom 18.4.2019 erteilten Baugenehmigung zum Neubau eines Bürogebäudes auf dem Grundstück Fl. Nr. 899 der Gemarkung Traunreuth wird ausgesetzt.[2]

Gründe:

I.

Darstellung des Sachverhaltes, soweit für die rechtliche Würdigung von Bedeutung

II.

Darlegung der wesentlichen Gründe, hier:
1. *Sachliche und örtliche Zuständigkeit des Landratsamtes (sachliche Zuständigkeit hier: §§ 80a Abs. 1 Nr. 2, 80 Abs. 4 VwGO i. V.m. Art. 53 Abs. 1 BayBO)*
2. *Wegfall der aufschiebenden Wirkung der Klage des Nachbarn gegen die Baugenehmigung, § 80 Abs. 2 S. 1 Nr. 3 VwGO i. V.m. § 212a BauGB*
3. *Begründung der Aussetzung der Vollziehung (§§ 80a Abs. 1 Nr. 2, 80 Abs. 4 VwGO): Interessenabwägung zwischen Aussetzungsinteresse des Nachbarn und Vollziehungsinteresse des Bauherrn*
4. *Kostenentscheidung*[3]
5. *Hinweis:*[4]
   Gegen diese Anordnung kann beim Bayerischen Verwaltungsgericht München,

   Hausanschrift: Bayerstraße 30, 80335 München
   Postanschrift: Postfach 20 05 43, 80005 München

   Antrag auf Aufhebung oder Änderung gestellt werden (§ 80a Abs. 3 VwGO).
   Der Antrag ist schon vor Erhebung der Anfechtungsklage zulässig.

Körner
Körner
Regierungsrat

Anmerkungen

1. Zur Zustellung an Bevollmächtigte siehe Art. 8 Abs. 1 BayVwZVG: für den Fall, dass eine schriftliche Vollmacht vorliegt, ist zwingend an den Bevollmächtigten zuzustellen, ansonsten kann an ihn zugestellt werden; vgl. auch § 7 Abs. 1 LZG NRW und § 7 Abs. 1 LVwZG BW.
   Zur Zustellart vgl. Art. 5 BayVwZVG (bzw. § 5 LVwZG BW und § 5 LZG NRW).
2. Tenorierungsbeispiele:
   a) Liegt kein Fall des § 80a Abs. 1 Nr. 2 VwGO, sondern ein Fall des § 80a Abs. 1 Nr. 1 vor, so würde z. B. tenoriert werden:
   b) „Die sofortige Vollziehung der Ziffer 1 des Bescheides vom … wird angeordnet."
   Für den Fall der Erfolglosigkeit des Antrages würde tenoriert:
   „Der Antrag wird abgelehnt."
3. Für die Entscheidung über die Aussetzung der Vollziehung werden in Bayern gem. Art. 3 Abs. 1 Nr. 14 BayKG keine Kosten erhoben (gleiches gilt in Sachsen gem. § 3 Abs. 1 Nr. 14 SächsVwKG).
   Liegt wegen landesrechtlicher Regelungen (z.B. in Baden-Württemberg und Nordrhein-Westfalen) kein Fall der Kostenfreiheit vor, wäre der Tenor um die Kostenentscheidung zu ergänzen.

Sie würde z. B. lauten:
„1. …
2. Die Kosten des Verfahrens hat der Antragsteller zu tragen.
3. Für diesen Bescheid wird eine Gebühr von … € festgesetzt."

4. Gegen die Entscheidung ist ein förmlicher Rechtsbehelf nicht gegeben.
Wegen der Möglichkeit der Aufhebung oder Änderung gem. § 80a Abs. 3 VwGO ist ein entsprechender Hinweis üblich.

Nr. 47. Bußgeldbescheid

Landratsamt Bamberg
31.1–84/19

96052 Bamberg, 27.6.2019

Einschreiben – Rückschein[1]

Anton Heußinger[1]
Nürnberger Str. 15
96114 Hirschaid

Betroffener: Anton Heußinger, geboren am 7.1.1962 in Coburg[2]

ggf. Gesetzlicher Vertreter:[3] –

ggf. Verteidigerin: Rechtsanwältin Dr. Monika König, Bamberger Str. 2, 96114 Hirschaid[4]

Bußgeldbescheid[5]

Sehr geehrter Herr Heußinger,

Ihnen wird zur Last gelegt, folgende Ordnungswidrigkeit begangen zu haben:
– *Tatort (Ort, Gemeinde, Landkreis), Tatzeit (Tag, Monat, Jahr, Uhrzeit, evtl. Dauer) und Tathergang* –

Ordnungswidrig handelt, wer vorsätzlich oder fahrlässig … *(Feststellung der Erfüllung der Tatbestandsvoraussetzungen und der Schuldform).*

Verletzte Vorschriften: …

Beweismittel: … (*Zeugen, Urkunden, Lichtbilder* …)

Zuständigkeitsvorschrift für die Ahndung: …[6]

Gemäß §§ …[7] des Gesetzes über Ordnungswidrigkeiten wird hiermit gegen Sie eine Geldbuße festgesetzt in Höhe von 120,– € (in Worten: einhundertzwanzig Euro).
Grundlage für die Zumessung der Geldbuße sind die Bedeutung der Ordnungswidrigkeit und die Schwere des Vorwurfs, der den Täter trifft. Berücksichtigt werden können zudem nach § 17 OWiG die wirtschaftlichen Verhältnisse des Täters … *(Begründung)*[8]

ggf.: Zudem werden folgende Nebenfolgen angeordnet: …[9]

Sie haben die Kosten (Gebühren und Auslagen) des Verfahrens zu tragen.
Für diesen Bescheid wird eine Gebühr von 25,– € festgesetzt. Daneben haben Sie die angefallenen Auslagen in Höhe von 4,65 € zu tragen.[10]

Rechtsbehelfsbelehrung[11]

Dieser Bußgeldbescheid wird rechtskräftig und vollstreckbar, wenn Sie nicht innerhalb von zwei Wochen nach seiner Zustellung schriftlich oder zur Niederschrift

beim Landratsamt Bamberg Einspruch einlegen (§ 67 OWiG)[12]. Die Frist ist nur dann gewahrt, wenn der Einspruch vor Fristablauf bei der Behörde eingeht.
Wenn der Bußgeldbescheid aufrechterhalten wird, entscheidet das zuständige Amtsgericht über den Einspruch auf Grund einer Hauptverhandlung, ohne dabei an die im Bußgeldbescheid festgesetzte Höhe der Geldbuße gebunden zu sein. In diesem Falle kann das Gericht auch eine höhere Geldbuße festsetzen, wenn ihm dies nach dem Ergebnis der Hauptverhandlung angemessen erscheint (§ 71 OWiG, § 411 Abs. 4 StPO).
Das Gericht kann auch ohne Hauptverhandlung durch Beschluss entscheiden, wenn weder Sie noch die Staatsanwaltschaft diesem Verfahren widersprechen; in diesem Fall darf das Gericht von der im Bußgeldbescheid getroffenen Entscheidung nicht zu Ihrem Nachteil abweichen (§ 72 Abs. 1 Satz 1 und Abs. 3 Satz 2 OWiG).

Zur Beachtung![13]

Bitte leisten Sie auf Grund dieses Bußgeldbescheids noch keine Zahlung. Nach Rechtskraft des Bußgeldbescheides erhalten Sie eine gesonderte Kostenrechnung. Erst nach Erhalt dieser Kostenrechnung ist der Gesamtbetrag innerhalb einer Frist von 2 Wochen zur Zahlung fällig.
Den mit der Kostenrechnung bekanntgegebenen Gesamtbetrag haben Sie innerhalb dieser Frist auf eines der angegebenen Konten des Landratsamtes Bamberg unter Angabe des Aktenzeichens zu überweisen oder bei der Kreiskasse, Ludwigstraße 23, 96052 Bamberg einzuzahlen.
Wenn Sie zahlungsunfähig sind, haben Sie dies dem Landratsamt Bamberg rechtzeitig vor Ablauf der Zahlungsfrist schriftlich oder zur Niederschrift darzulegen mit hinreichender Begründung, warum Ihnen die fristgerechte Zahlung nach Ihren wirtschaftlichen Verhältnissen nicht zuzumuten ist; geeignete Nachweise sind beizufügen.
Falls Sie diese Zahlungsfrist nicht einhalten und auch Ihre Zahlungsunfähigkeit nicht rechtzeitig darlegen, kann der fällige Betrag zwangsweise beigetrieben werden. Des Weiteren kann vom Amtsgericht Erzwingungshaft bis zu einer Dauer von sechs Wochen angeordnet werden (§ 96 OWiG).

Mit freundlichen Grüßen

Konrad
Konrad, ROAR

Anmerkungen

1. Der Bescheid wird dem Betroffenen bekanntgemacht bzw. zugestellt, vgl. §§ 50 Abs. 1, 51 Abs. 1 S. 1, Abs. 2 OWiG i. V. m. BayVwZVG (in Baden-Württemberg LVwZG und in Nordrhein-Westfalen LZG NRW); s. aber unten Anm. 3 und 4.
2. Bzgl. der Angaben zur Person des Betroffenen s. § 66 Abs. 1 Nr. 1 OWiG.
3. Zur Aufnahme des gesetzlichen Vertreters vgl. auch § 51 Abs. 2 OWiG: für den Fall, dass der Betroffene einen gesetzlichen Vertreter hat, wird der Bescheid diesem mitgeteilt.
4. Zur Aufnahme des Verteidigers vgl. § 66 Abs. 1 Nr. 2 OWiG.
   Zur Zustellung an den Verteidiger vgl. § 51 Abs. 3 OWiG. Danach ist bei einer Zustellung an den Verteidiger der Betroffene durch formlose Abschrift zu unterrichten.

Bei einer Zustellung an den Betroffenen ist der Verteidiger stets zu unterrichten, auch wenn eine Vollmacht nicht vorliegt, und zwar ebenfalls durch formlose Abschrift.

5. Zum Inhalt vgl. § 66 Abs. 1 Nr. 3–5 OWiG.

6. Grundsätzlich sind zur Verfolgung von Ordnungswidrigkeiten die Verwaltungsbehörden bestimmt, § 35 OWiG.
   Die sachliche Zuständigkeit ergibt sich aus § 36 OWiG i. V. m. landesrechtlichen Regelungen, z. B. in Bayern i. V. m. der Verordnung über Zuständigkeiten im Ordnungswidrigkeitenrecht (ZuVOWiG), in Baden-Württemberg i. V. m. der Verordnung der Landesregierung über die Zuständigkeiten nach dem Gesetz über die Ordnungswidrigkeiten (OWiZuVO).
   Die örtliche Zuständigkeit ergibt sich aus § 37 OWiG.

7. In der Regel sind nur die §§ 17, 19, 20, 105, 107 OWiG anzugeben.

8. Zur Bemessung der Bußgeldhöhe vgl. § 17 OWiG.

9. Zur Anordnung von Nebenfolgen vgl. §§ 87 f. OWiG.

10. Zur Kostenentscheidung vgl. § 105 Abs. 1 OWiG i. V. m. §§ 464 ff. StPO hinsichtlich der Kostentragungspflicht und i. V. m. § 107 OWiG hinsichtlich der Gebühren und der zu tragenden Auslagen. Die Höhe der Gebühr ist abhängig von der Höhe des Bußgeldes (5 %, mindestens aber 25 €).

11. Vgl. §§ 50 Abs. 2, 66 Abs. 2 Nr. 1, 67 OWiG.

12. Hilfreich wäre ein Hinweis darauf, dass die Einlegung des Einspruches per Mail dem Schriftformerfordernis nicht genügt, z. B.:
    „Hinweis:
    Das Einlegen des Einspruches durch E-Mail ist nicht zulässig!"

13. Hinweis nach § 66 Abs. 2 Nr. 2 und 3 OWiG

Nr. 48. Widerspruchsbescheid

Regierung von Oberfranken
12.2 – BA 73/19

95444 Bayreuth, 7.6.2019

Empfangsbekenntnis[1]

Rechtsanwalt
Dr. Helmut Meier
Wilhelmsplatz 9
96047 Bamberg

Vollzug der Kommunalgesetze;
Widerspruch Ihrer Mandantin Frau Dr. Gabriele Groß gegen den Bescheid der Stadt Bamberg vom 5.3.2019 wegen Erhebung eines Herstellungsbeitrages zum Anschluss des Grundstückes Fl. Nr. 327 der Gemarkung Wildensorg an die städtische Abwasseranlage

Anlagen:
1 Kopie dieses Bescheids
1 Empfangsbekenntnis

Sehr geehrter Herr Rechtsanwalt,

gegen den Bescheid der Stadt Bamberg vom 5.3.2019 zur Erhebung eines Herstellungsbeitrages zum Anschluss des Grundstücks Fl. Nr. 327 der Gemarkung Wildensorg haben Sie für Ihre Mandantin bei der Stadt Bamberg mit Schreiben vom 20.3.2019, eingegangen per Fax am gleichen Tag, Widerspruch eingelegt Die Stadt Bamberg hat den Widerspruch bei der Regierung von Oberfranken zur Entscheidung vorgelegt.
Wir haben den Vorgang überprüft und erlassen folgenden

Widerspruchsbescheid:

1. Der Widerspruch wird zurückgewiesen.[2,3]
2. Die Widerspruchsführerin hat die Kosten des Widerspruchsverfahrens zu tragen.[4] Für diesen Bescheid wird eine Gebühr von 320 € festgesetzt.

Gründe:[5]

I.

Kurze Darstellung des Sachverhalts

II.

Wesentliche Gründe des Bescheides, insbesondere:

1. *Sachliche und örtliche Zuständigkeit* (§ 73 Abs. 1 S. 2 VwGO i. V. m. Art. 119, 110 GO)

2. *Zulässigkeit* (§§ 68 Abs. 1 S. 1, 2 VwGO i.V.m. Art. 15 AGVwGO, § 70 VwGO; *Ausführungen nur soweit Zulässigkeitsvoraussetzungen problematisch*)
3. *Begründetheit* (§§ 68 Abs. 1 Satz 1, 113 Abs. 1 S. 1 VwGO analog)
4. *Kostenentscheidung* (§ 73 Abs. 3 S. 3 VwGO i.V.m. Art. 80 Abs. 1 S. 2 BayVwVfG, Art. 9 BayKG)

Rechtsbehelfsbelehrung[6]

Gegen den Bescheid der Stadt Bamberg vom 5.3.2019 können Sie Klage erheben.[7] Die Klage müssen Sie innerhalb eines Monats nach Zustellung dieses Widerspruchsbescheids beim Bayerischen Verwaltungsgericht in Bayreuth,

Postanschrift: Postfach 11 03 21, 95422 Bayreuth,
Hausanschrift: Friedrichstr. 16, 95444 Bayreuth

schriftlich oder zur Niederschrift des Urkundsbeamten der Geschäftsstelle dieses Gerichts erheben. Die Klage kann beim Bayerischen Verwaltungsgericht Bayreuth auch elektronisch nach Maßgabe der Internetpräsenz der Verwaltungsgerichtsbarkeit (www.vgh.bayern.de) zu entnehmenden Bedingungen erhoben werden. In der Klage müssen Sie den Kläger, den Beklagten (Stadt Bamberg) und den Gegenstand des Klagebegehrens bezeichnen, ferner sollen Sie einen bestimmten Antrag stellen und die zur Begründung dienenden Tatsachen und Beweismittel angeben. Der Klageschrift sollen Sie den Bescheid der Stadt Bamberg und diesen Widerspruchsbescheid (in Urschrift, in Abschrift oder in Ablichtung), ferner drei Abschriften oder Ablichtungen der Klageschrift für die übrigen Beteiligten beifügen.

Hinweise zur Rechtsbehelfsbelehrung

- Die Einlegung eines Rechtsbehelfes per einfacher E-Mail ist nicht zugelassen und entfaltet keine rechtlichen Wirkungen!
- Nähere Informationen zur elektronischen Klageerhebung sind der Internetpräsenz der Bayerischen Verwaltungsgerichtsbarkeit (www.vgh.bayern.de) zu entnehmen.
- *(Sofern kein Fall des § 188 VwGO vorliegt:)* Kraft Bundesrechts ist bei Prozessverfahren vor den Verwaltungsgerichten grundsätzlich ein Gebührenvorschuss zu entrichten.

Rohmer
Rohmer, RD

Anmerkungen

1. Vgl. § 73 Abs. 3 Satz 2 VwGO, wonach nach den bundesrechtlichen Vorschriften des VwZG zugestellt wird; hier: Zustellung gegen Empfangsbekenntnis, § 5 VwZG.
2. Tenorierungsbeispiele:
   a) Fassung des Tenors, wenn der Widerspruch Erfolg gehabt hätte:
   „I. Der Bescheid der Stadt Bamberg vom 5.3.2019 wird aufgehoben.
   II. Die Kosten des Widerspruchsverfahrens trägt die Stadt Bamberg …“
   b) Bei teilweisem Erfolg wäre entsprechend zu tenorieren, z.B.:
   „I. Der Bescheid der Stadt Bamberg vom 5.3.2019 wird insoweit aufgehoben, als …
   Im Übrigen wird der Widerspruch zurückgewiesen.
   II. … (Kostenteilung)“

3. Fassung des Tenors bei Verpflichtungswidersprüchen:
   a) Der Widerspruch hat keinen Erfolg, da kein Anspruch auf den begehrten Verwaltungsakt besteht:
      „Der Widerspruch wird zurückgewiesen."
   b) Der Widerspruch hat Erfolg:
      bei gebundenen Entscheidungen neue Sachentscheidung durch die Widerspruchsbehörde (soweit der geltend gemachte Anspruch besteht) unter Aufhebung bzw. Abänderung des Erstbescheides
      bzw. bei Ermessensentscheidungen Aufhebung des Erstbescheids und Verpflichtung der Ausgangsbehörde, neu zu entscheiden (soweit der geltend gemachte Anspruch besteht); soweit der Anspruch nicht besteht: Zurückweisung im Übrigen.

4. Zur Kostenentscheidung vgl. § 73 Abs. 3 S. 3 VwGO.
   Die Kostenlast richtet sich nach dem Erfolg des Widerspruchs, vgl. Art. 1, 80 BayVwVfG bzw. die entsprechenden Verwaltungsverfahrensgesetze des Bundes und der Länder, die z. T. abweichende Regelungen beinhalten (z. B. § 80 VwVfG NRW i. V. m. § 15 Abs. 3 S. 1, Abs. 4 S. 1 GebG NRW bzw. § 80 LVwVfG BW).
   Zur Kostenhöhe vgl. Art. 9 BayKG (bzw. § 15 Abs. 3, Abs. 4 GebG NRW und GebVerzNr. 7 der Anlage 1 zu § 1 der GebVO IM in BW)

5. Zur Begründungspflicht s. § 73 Abs. 3 S. 1 VwGO.

6. Vgl. § 73 Abs. 3 S. 1 VwGO.

7. Die Anfechtungsklage richtet sich grundsätzlich gegen den Erstbescheid, und zwar in der Gestalt, die er durch den Widerspruchsbescheid gefunden hat, § 79 Abs. 1 Nr. 1 VwGO.
   In den Fällen des § 79 Abs. 1 Nr. 2, Abs. 2 VwGO wäre eine isolierte Anfechtungsklage gegen den Abhilfebescheid bzw. den Widerspruchsbescheid zu erheben.

II. Verwaltungsgerichtliche Verfahren

a) Verfahren erster Instanz

Nr. 49. Einstellungsbeschluss[1]

M 3 K 18.742

Bayerisches Verwaltungsgericht München

In der Verwaltungsstreitsache[2]

Otto Perchtheim, Orffstr. 17, 83671 Benediktbeuern, – Kläger –

Bevollmächtigte: Rechtsanwältinnen Dr. Hanna Karl und Hermine Heuer,
Münchner Str. 11, 82362 Weilheim,

gegen

die Gemeinde Benediktbeuern, – Beklagte –
vertreten durch den 1. Bürgermeister[3]

wegen

Erhebung eines Erschließungsbeitrages

erlässt das Bayerische Verwaltungsgericht München, 3. Kammer, durch Richter am Verwaltungsgericht Franzen[4]

am 26.6.2019

ohne mündliche Verhandlung folgenden

Beschluss:

I. Das Verfahren wird eingestellt.[5]
II. Die Beklagte trägt die Kosten des Verfahrens.[6]
III. Der Streitwert wird auf 7545 € festgesetzt.

Gründe:[7]

Kurze Darstellung der Gründe des Beschlusses, z. B.:
Das Verfahren ist in entsprechender Anwendung des § 92 Abs. 3 Satz 1 VwGO einzustellen, da die Beteiligten mit den am 14.6.2019 und 17.6.2019 bei Gericht eingegangenen Erklärungen die Hauptsache übereinstimmend für erledigt erklärt haben.[5]
Kostenentscheidung (§ 161 Abs. 2 VwGO), z. B.:
Über die Kosten des Verfahrens ist gemäß § 161 Abs. 2 VwGO nach billigem Ermessen zu entscheiden. Billigem Ermessen entspricht es im vorliegenden Fall, die Kosten … *(kurze Begründung)*[6]
Streitwertfestsetzung (, §§ 53 Abs. 2 Nr. 1,, § 52 Abs. 1 GKG)

Rechtsmittelbelehrung[8]

Ziffern I und II des Beschlusses sind unanfechtbar.

Gegen die Streitwertfestsetzung (Ziffer III des Beschlusses) steht den Beteiligten die Beschwerde an den Bayerischen Verwaltungsgerichtshof zu, wenn der Wert des Beschwerdegegenstandes 200,– € übersteigt oder die Beschwerde zugelassen wurde. Die Beschwerde ist innerhalb von sechs Monaten nach Eingang der prozessbeendenden Erklärung beim Bayerischen Verwaltungsgericht München,

Hausanschrift: Bayerstraße 30, 80335 München
Postanschrift: Postfach 20 05 43, 80005 München

schriftlich oder zur Niederschrift des Urkundsbeamten der Geschäftsstelle einzulegen.

Der Beschwerdeschrift sollen vier Abschriften beigefügt werden.

Für die Beschwerde gegen den Streitwert besteht kein Vertretungszwang.[9]

Franzen
(Franzen)

Anmerkungen

1. Hier handelt es sich um einen Fall der Hauptsacheerledigung bei übereinstimmender Erledigterklärung.
   Die Ausführungen würden sinngemäß auch gelten, wenn ein Verfahren sich durch Klage- oder Antragsrücknahne erledigt.
2. In anderen Bundesländern werden z. T. abweichende Bezeichnungen verwendet („Verwaltungsrechtssache“, z. B. in Niedersachsen und Baden-Württemberg, oder „Verwaltungsrechtsstreit“, z. B. in Rheinland-Pfalz und Saarland).
3. Vgl. Art. 38 Abs. 1 BayGO bzw. vergleichbare Regelungen in anderen Bundesländern, z. B. § 63 Abs. 1 GO NRW und § 42 Abs. 1 S. 2 GemO BW.
4. Zur Zuständigkeit des Vorsitzenden oder des Berichterstatters vgl. §§ 87, 87a VwGO.
5. Tenorierungsbeispiele:

   Ebenso würde tenoriert werden, wenn eine Erledigungserklärung des Klägers durch den Beklagten unwidersprochen bliebe; zu den Voraussetzungen vgl. § 161 Abs. 2 S. 2 VwGO.

   Wenn die Frage der Hauptsacheerledigung streitig ist, wäre z. B. zu tenorieren: „Das Verfahren hat sich in der Hauptsache erledigt.“
6. Die Kostenentscheidung wird im Hinblick auf den bisherigen Sach- und Rechtsstand getroffen, § 161 Abs. 1, Abs. 2 S. 1 VwGO.
   Die Tenorierung im vorliegenden Fall ließe darauf schließen, dass die ursprüngliche Klage erfolgreich gewesen wäre.
7. Beschlüsse nach Erledigung des Rechtsstreits in der Hauptsache sind stets zu begründen, § 122 Abs. 2 S. 2 VwGO.
8. Vgl. 158 VwGO; beschwerdefähig ist lediglich der Streitwertbeschluss; vgl. dazu § 68 Abs. 1 i. V. m. § 63 Abs. 3 S. 2 GKG.
9. Vgl. § 68 Abs. 1 S. 5 i. V. m. § 66 Abs. 5 S. 1 GKG.

Nr. 50. Wiederherstellung der aufschiebenden Wirkung

An 3 S 19.163

Verwaltungsgericht Ansbach

In der Verwaltungsstreitsache

Johanna Köllner – Antragstellerin –
Kornmarkt 4, 90402 Nürnberg

Bevollmächtigter:
Rechtsanwalt Dr. Hans Sanft, Frauentorgraben 32, 90443 Nürnberg

gegen

die Stadt Nürnberg, – Antragsgegnerin –
vertreten durch den Oberbürgermeister[1], Rathausplatz 2, 90403 Nürnberg

wegen

Baueinstellung wegen Nutzungsänderung eines Bürogebäudes;
hier: Antrag nach § 80 Abs. 5 VwGO

erlässt das Verwaltungsgericht Ansbach, 3. Kammer, durch den Vorsitzenden Richter am Verwaltungsgericht Kröppel, die Richterin am Verwaltungsgericht Dietram und den Richter am Verwaltungsgericht Maller[2]

am 22. Juli 2019

ohne mündliche Verhandlung folgenden

Beschluss:

I. Die aufschiebende Wirkung der am 17.7.2019 erhobenen Klage des Antragstellers gegen den Bescheid der Stadt Nürnberg vom 20.6.2019 wird wiederhergestellt.[3]
II. Die Antragsgegnerin trägt die Kosten des Verfahrens.
III. Der Streitwert wird auf 8500,– € festgesetzt.

Gründe:[4]

Kurze Darstellung des Sachverhalts;

tragende Gründe des Beschlusses, z. B.:
Der Antrag hat Erfolg.
formelle Rechtmäßigkeit der Vollziehungsanordnung, z. B.:
Die Klage hat wegen des im Bescheid vom 20.6.2019 in Ziffer 3 angeordneten Sofortvollzuges der Ziffern 1 und 2 gem. § 80 Abs. 2 Satz 1 Nr. 4 VwGO keine aufschiebende Wirkung.
Die Antragsgegnerin war als Ausgangsbehörde zum Erlass der Vollziehungsanordnung zuständig. Sie hat das öffentliche Interesse an der sofortigen Vollziehung schriftlich und inhaltlich ausreichend begründet (§ 80 Abs. 3 Satz 1 VwGO). Zur

Abwägung zwischen ihrem eigenen Vollzugsinteresse und dem Interesse des Antragsstellers am Eintritt der aufschiebenden Wirkung möglicher Rechtsbehelfe hat sie ausgeführt, dass …
Interessenabwägung, abhängig von den Erfolgsaussichten in der Hauptsache (summarische Prüfung);
z. B. bei offenen Erfolgsaussichten:
Da sich derzeit weder feststellen lässt, dass das Begehren im Hauptsacheverfahren offensichtlich begründet ist, noch dass es offensichtlich unbegründet ist, war eine Interessenabwägung dahingehend vorzunehmen, ob das Vollstreckungsinteresse der Antragsgegnerin das Aussetzungsinteresse des Antragstellers überwiegt. Diese führt nach Überzeugung des Gerichts dazu, dass …
Begründung der Kostenentscheidung (§ 154 Abs. 1 VwGO)
Begründung der Streitwertfestsetzung (§§ 53 Abs. 2 Nr. 2, 52 Abs. 1 GKG).

Rechtsmittelbelehrung:

Gegen diesen Beschluss steht den Beteiligten die Beschwerde an den Bayerischen Verwaltungsgerichtshof zu. Die Beschwerde ist innerhalb von zwei Wochen nach Bekanntgabe des Beschlusses beim Bayerischen Verwaltungsgericht Ansbach,

Hausanschrift: Promenade 24–28, 91511 Ansbach oder
Postanschrift: Postfach 6 16, 91511 Ansbach

schriftlich oder zur Niederschrift des Urkundsbeamten der Geschäftsstelle einzulegen.
Die Frist ist auch gewahrt, wenn die Beschwerde innerhalb der Frist beim Bayerischen Verwaltungsgerichtshof,

Hausanschrift in München: Ludwigstraße 23, 80539 München oder
Postanschrift in München: Postfach 34 01 48, 80098 München oder
Hausanschrift in Ansbach: Montgelasplatz 1, 91522 Ansbach

eingeht.
Vor dem Bayerischen Verwaltungsgerichtshof müssen sich die Beteiligten, außer im Prozesskostenhilfeverfahren, durch Prozessbevollmächtigte vertreten lassen. Dies gilt auch für Prozesshandlungen, durch die ein Verfahren vor dem Bayerischen Verwaltungsgerichtshof eingeleitet wird. Als Prozessbevollmächtigte zugelassen sind neben Rechtsanwälten und den in § 67 Abs. 2 S. 1 VwGO genannten Rechtslehrern mit Befähigung zum Richteramt die in § 67 Abs. 4 und 7 VwGO sowie §§ 3, 5 RDGEG bezeichneten Personen und Organisationen.
Die Beschwerde ist innerhalb eines Monats nach Bekanntgabe der Entscheidung zu begründen. Die Begründung ist, sofern sie nicht bereits mit der Beschwerde vorgelegt worden ist, beim Bayerischen Verwaltungsgerichtshof einzureichen. Sie muss einen bestimmten Antrag enthalten, die Gründe darlegen, aus denen die Entscheidung abzuändern oder aufzuheben ist, und sich mit der angefochtenen Entscheidung auseinander setzen.[5]
Die Beschwerde ist nicht gegeben in Streitigkeiten über Kosten, Gebühren und Auslagen, wenn der Wert des Beschwerdegegenstandes 200,– € nicht übersteigt.

Der Beschwerdeschrift eines Beteiligten sollen Abschriften für die übrigen Beteiligten beigefügt werden.
Gegen die Festsetzung des Streitwertes steht den Beteiligten die Beschwerde an den Bayerischen Verwaltungsgerichtshof zu, wenn der Wert des Beschwerdegegenstandes 200,– € übersteigt oder die Beschwerde zugelassen wurde.
Die Beschwerde ist innerhalb von sechs Monaten, nachdem die Entscheidung in der Hauptsache Rechtskraft erlangt oder das Verfahren sich anderweitig erledigt hat, beim
Bayerischen Verwaltungsgericht Ansbach,

Hausanschrift: Promenade 24–28, 91511 Ansbach oder
Postanschrift: Postfach 6 16, 91511 Ansbach

schriftlich oder zur Niederschrift des Urkundsbeamten der Geschäftsstelle einzulegen.
Ist der Streitwert später als einen Monat vor Ablauf dieser Frist festgesetzt worden, kann die Beschwerde noch innerhalb eines Monats nach Zustellung oder formloser Mitteilung des Festsetzungsbeschlusses eingelegt werden.
Der Beschwerdeschrift sollen vier Abschriften beigefügt werden.
Für die Beschwerde gegen den Streitwert besteht kein Vertretungszwang.[6]

Dietram	*Kröppel*	*Maller*
(Dietram)	(Kröppel)	(Maller)

Anmerkungen

1. Zur Vertretung der Stadt s. Art. 38 Abs. 1 und 34 Abs. 1 S. 2 BayGO; zu vergleichbaren Regelungen in anderen Bundesländern, vgl. etwa § 42 Abs. 1 und 4 GemO BW.
2. Grundsätzlich entscheidet das Verwaltungsgericht in Verfahren des vorläufigen Rechtsschutzes in Kammerbesetzung. Möglich ist aber in Verfahren des einstweiligen Rechtsschutzes eine Entscheidung durch den Vorsitzenden gem. § 80 Abs. 8 VwGO wegen Eilbedürftigkeit bzw. wie auch in anderen Verfahren eine Übertragung auf den Einzelrichter durch Beschluss der Kammer gem. § 6 Abs. 1 VwGO.
   Ehrenamtliche Richter wirken nicht mit, vgl. § 5 Abs. 3 S. 2 VwGO.
3. Tenorierungsbeispiele:
   a) So wird nach h. M. auch tenoriert, wenn die Begründung nach § 80 Abs. 3 VwGO als unzureichend anzusehen ist.
   Die andere Ansicht gibt dem Antrag durch Aufhebung der Vollziehungsanordnung statt:
   „I. Die Anordnung der sofortigen Vollziehung im Bescheid … wird aufgehoben.
   II. …"
   b) Bei Unzulässigkeit oder Unbegründetheit des Antrages wird tenoriert:
   „I. Der Antrag wird abgelehnt.
   II. Der Antragsteller hat die Kosten des Verfahrens zu tragen.
   III. … (Streitwertfestsetzung) …"
4. Zur Begründungspflicht vgl. § 122 Abs. 2 S. 2 VwGO.
5. Vgl. § 146 Abs. 4 VwGO;
   mangelt es an einem dieser Erfordernisse, ist die Beschwerde als unzulässig zu verwerfen; das Oberverwaltungsgericht (hier: der Bayerische Verwaltungsgerichtshof) prüft nur die dargelegten Gründe, vgl. § 146 Abs. 4 S. 4 und 6 VwGO.
6. Vgl. § 68 Abs. 1 S. 5 i. V. m. § 66 Abs. 5 S. 1 GKG.

Nr. 51. Antrag auf Feststellung der aufschiebenden Wirkung

Markus Schlesinger
Fachanwalt für Verwaltungsrecht
Herrleinstraße 27
63741 Aschaffenburg

Aschaffenburg, 16.4.2019

Verwaltungsgericht Würzburg[1]
Burkarderstraße 26
97029 Würzburg

Einstweiliger Rechtsschutz;
Antrag auf Feststellung der aufschiebenden Wirkung

Namens und im Auftrag meiner Mandantin Annemarie Bierbaum, Frankfurter Allee 169, 63741 Aschaffenburg – umfassende Vollmachterteilung in der Angelegenheit wurde bereits im Hauptsacheverfahren nachgewiesen – stelle ich folgenden

Antrag:

1. Es wird festgestellt, dass die Klage der Klägerin Annemarie Bierbaum vom 22.3.2019, Az. W 2 K 76/19 gegen den Bescheid der Stadt Aschaffenburg vom 26.2.2019, Az. 24–24/19 aufschiebende Wirkung entfaltet.[2,3]
2. Die Antragsgegnerin trägt die Kosten des Verfahrens.

Begründung:

Sachverhaltsdarstellung, insbesondere zum Rechtsbehelf gegen den zu vollstreckenden Verwaltungsakt und zur tatsächlichen oder drohenden Vollstreckung trotz anzunehmender aufschiebender Wirkung des Rechtsbehelfes, z. B.:
... Entgegen der Auffassung der Stadt Aschaffenburg entfaltet die Klage vom ... aufschiebende Wirkung, da es sich bei der im Bescheid der Stadt Aschaffenburg vom ... geforderten Geldleistung nicht um öffentliche Abgaben oder Kosten i. S. d. § 80 Abs. 2 S. 1 VwGO handelt. ...“

Markus Schlesinger
Markus Schlesinger
Fachanwalt für Verwaltungsrecht

Anmerkungen

1. Zuständigkeit des Gerichtes der Hauptsache, entsprechend § 80 Abs. 5 S. 1 VwGO.
2. Feststellungsantrag analog § 80 Abs. 5 S. 1 VwGO.
3. Wegen der fehlenden Möglichkeit für den Betroffenen, aufgrund der lediglich feststellenden Entscheidung eine Vollstreckung zwangsweise zu verhindern bzw. zu unterbinden, könnte in analoger Anwendung des § 80 Abs. 5 S. 3 VwGO auch die Untersagung der (weiteren) Vollstreckung durch das Gericht beantragt werden.

Nr. 52. Einstweilige Anordnung

M 4 E 19.165

Bayerisches Verwaltungsgericht München

In der Verwaltungsstreitsache

Petra Schorn, Schlossstr. 4, 85737 Ismaning – Antragstellerin –

Bevollmächtigte:
Rechtsanwältin Juliane Nörr, Luisenstr. 25, 80333 München

gegen

den Landkreis München, – Antragsgegner –
vertreten durch den Landrat,[1] Mariahilfplatz 17, 81541 München

wegen

Jugendhilfe;

hier: Antrag nach § 123 VwGO

erlässt das Bayerische Verwaltungsgericht München, 4. Kammer, durch die Vorsitzende Richterin am Verwaltungsgericht Knott und die Richter am Verwaltungsgericht Hildebrand und Schmidt[2]

am 26. April 2019

ohne mündliche Verhandlung folgenden

Beschluss:

I. Der Antragsgegner wird verpflichtet, vorläufig, längstens bis zur Entscheidung in der Hauptsache, die Kosten für die Heimunterbringung des minderjährigen Kindes Tim Schorn bis zur Höhe von 240,– € im Monat zu übernehmen.
Im Übrigen wird der Antrag abgelehnt.

II. Die Antragstellerin trägt ein Fünftel, der Antragsgegner vier Fünftel der Kosten des Verfahrens.
Gerichtskosten werden nicht erhoben.[3]

Gründe:[4]

Kurze Darstellung des Sachverhalts,
tragende Gründe des Beschlusses (§ 123 Abs. 1 VwGO),
insbes. Glaubhaftmachung des Anordnungsanspruchs (Anspruchsvoraussetzungen) *und des Anordnungsgrundes* (Dringlichkeit),
evt. besondere Gründe bei ausnahmsweiser Vorwegnahme der Hauptsache
Kostenentscheidung, §§ 155 Abs. 1 Satz 1, 188 S. 2 VwGO

Rechtsmittelbelehrung

Gegen diesen Beschluss steht den Beteiligten die Beschwerde an den Bayerischen Verwaltungsgerichtshof zu. Die Beschwerde ist innerhalb von zwei Wochen nach Bekanntgabe des Beschlusses beim Bayerischen Verwaltungsgericht München

Hausanschrift: Bayerstraße 30, 80335 München
Postanschrift: Postfach 20 05 43, 80005 München

schriftlich oder zur Niederschrift des Urkundsbeamten der Geschäftsstelle einzulegen.

Die Frist ist auch gewahrt, wenn die Beschwerde innerhalb der Frist beim Bayerischen Verwaltungsgerichtshof,

Hausanschrift in München: Ludwigstraße 23, 80539 München
Postanschrift in München: Postfach 34 01 48, 80098 München
Hausanschrift in Ansbach: Montgelasplatz 1, 91522 Ansbach

eingeht.
Vor dem Bayerischen Verwaltungsgerichtshof müssen sich die Beteiligten, außer im Prozesskostenhilfeverfahren, durch Prozessbevollmächtigte vertreten lassen. Dies gilt auch für Prozesshandlungen, durch die ein Verfahren vor dem Bayerischen Verwaltungsgerichtshof eingeleitet wird. Als Prozessbevollmächtigte zugelassen sind neben Rechtsanwälten und den in § 67 Abs. 2 S. 1 VwGO genannten Rechtslehrern mit Befähigung zum Richteramt die in § 67 Abs. 4 und 7 VwGO sowie §§ 3, 5 RDGEG bezeichneten Personen und Organisationen.
Die Beschwerde ist innerhalb eines Monats nach Bekanntgabe der Entscheidung zu begründen. Die Begründung ist, sofern sie nicht bereits mit der Beschwerde vorgelegt worden ist, bei dem Verwaltungsgerichtshof München, einzureichen. Sie muss einen bestimmten Antrag enthalten, die Gründe darlegen, aus denen die Entscheidung abzuändern oder aufzuheben ist, und sich mit der angefochtenen Entscheidung auseinander setzen. [5]
Die Beschwerde ist nicht gegeben in Streitigkeiten über Kosten, Gebühren und Auslagen, wenn der Wert des Beschwerdegegenstandes 200,– € nicht übersteigt.
Der Beschwerdeschrift sollen Abschriften für die übrigen Beteiligten beigefügt werden.

Hildebrand	*Knott*	*Schmidt*
(Hildebrand)	(Knott)	(Schmidt)

Anmerkungen

1. Vgl. Art. 35 Abs. 1 BayLKrO bzw. vergleichbare Regelungen in anderen Bundesländern, etwa § 37 Abs. 1 LKrO BW.
2. Grundsätzlich entscheidet das Verwaltungsgericht in Verfahren des vorläufigen Rechtsschutzes in Kammerbesetzung. Möglich ist aber auch in Verfahren des einstweiligen Rechtsschutzes eine Entscheidung durch die Vorsitzende gem. § 123 Abs. 2 S. 3 i. V. m. § 80 Abs. 8 VwGO wegen Eilbedürftigkeit bzw. wie auch in anderen Verfahren eine Übertragung auf den Einzelrichter durch Beschluss der Kammer gem. § 6 Abs. 1 VwGO.
   Ehrenamtliche Richter wirken nicht mit, vgl. § 5 Abs. 3 S. 2 VwGO.

3. Eine Streitwertfestsetzung ist hier nicht notwendig, da in Jugendhilfeangelegenheiten Gerichtskosten nicht erhoben werden (§ 188 Satz 2 VwGO).
   Auf Antrag kann gem. § 11 RVG die Vergütung des Rechtsanwaltes durch Beschluss festgesetzt werden.
4. Zur Begründungspflicht vgl. § 122 Abs. 2 S. 2 VwGO.
5. Vgl. § 146 Abs. 4 VwGO;
   mangelt es an einem dieser Erfordernisse, ist die Beschwerde als unzulässig zu verwerfen; das Oberverwaltungsgericht (hier: der Bayerische Verwaltungsgerichtshof) prüft nur die dargelegten Gründe, vgl. § 146 Abs. 4 S. 4 und 6 VwGO.

Nr. 53. Beschluss im Prozesskostenhilfe-Verfahren

B 3 S 1520-37/19

Bayerisches Verwaltungsgericht Bayreuth

In der Verwaltungsstreitsache

Karl Sporer, Bachstr. 5, 95339 Neuenmarkt, – Antragsteller –

gegen

den Landkreis Kulmbach, – Antragsgegner –

vertreten durch die Landrätin[1], Konrad-Adenauer-Straße 1, 95473 Kulmbach

wegen

Wohngeld

erlässt das Bayerische Verwaltungsgericht Bayreuth, 3. Kammer, durch die Vorsitzende Richterin am Verwaltungsgericht Jäger am 10.5.2019 ohne mündliche Verhandlung[2] folgenden

Beschluss:

Der Antrag auf Bewilligung von Prozesskostenhilfe für den Antragsteller Karl Sporer wird abgelehnt.

Gründe:[3]

Kurze Darstellung des Sachverhalts
tragende Gründe des Beschlusses, insb. Würdigung, ob die Prozesskostenhilfe wegen der persönlichen bzw. wirtschaftlichen Verhältnisse des Antragstellers oder wegen fehlender Erfolgsaussichten in der Sache versagt wird[4]

Rechtsmittelbelehrung[5]

Gegen diesen Beschluss steht den Beteiligten die Beschwerde an den Bayerischen Verwaltungsgerichtshof zu.[6]
Die Beschwerde ist innerhalb von zwei Wochen nach Bekanntgabe des Beschlusses beim
Bayerischen Verwaltungsgericht Bayreuth,

Hausanschrift: Friedrichstraße 16, 95422 Bayreuth
Postanschrift: Postfach 110.321, 95444 Bayreuth

schriftlich oder zur Niederschrift des Urkundsbeamten der Geschäftsstelle einzulegen.

Die Frist ist auch gewahrt, wenn die Beschwerde innerhalb der Frist beim Bayerischen Verwaltungsgerichtshof,

Hausanschrift in München: Ludwigstraße 23, 80539 München
Postanschrift in München: Postfach 34 01 48, 80098 München
Hausanschrift in Ansbach: Montgelasplatz 1, 91522 Ansbach

eingeht.

Der Beschwerdeschrift sollen vier Abschriften beigefügt werden.[7]

Jäger
(Jäger)

Anmerkungen

1. Vgl. Art. 35 Abs. 1 BayLKrO bzw. vergleichbare Bestimmungen in anderen Bundesländern, etwa § 37 Abs. 1 LKrO BW.
2. Zu besonderen Fallgestaltungen im vorbereitenden Verfahren vgl. § 87a Abs. 1 Nrn. 2 und 3 bzw. Abs. 3 VwGO.
3. Beschlüsse, mit denen die Gewährung von Prozesskostenhilfe abgelehnt wird, sind gem. § 122 Abs. 2 S. 1 VwGO stets zu begründen, da gegen sie das Rechtsmittel der Beschwerde gegeben ist.
   Zur Anfechtbarkeit von Beschlüssen über die Gewährung von Prozesskostenhilfe vgl. im Übrigen unten Anmerkung 6.
4. Zur Prozesskostenhilfe vgl. allgemein § 166 VwGO i. V. m. §§ 114 ff. ZPO.
5. Zur Anfechtbarkeit von Beschlüssen zur Bewilligung von Prozesskostenhilfe vgl. § 166 VwGO i. V. m. § 127 Abs. 2, 3 ZPO. Zur Form der Beschwerdeeinlegung vgl. § 569 Abs. 3 Nr. 2 ZPO.
6. Die Staatskasse kann mit der Begründung, der Beteiligte könne nach seinen persönlichen und wirtschaftlichen Verhältnissen Zahlungen leisten, Beschwerde gem. § 166 VwGO i. V. m. § 127 Abs. 2 S. 1, Abs. 3 ZPO einlegen.
   Die Rechtmittelbelehrung würde folgendermaßen lauten:
   „Gegen diesen Beschluss steht der Staatskasse die Beschwerde an den Bayerischen Verwaltungsgerichtshof zu.
   Die Beschwerde ist beim Bayerischen Verwaltungsgericht Bayreuth,

   Hausanschrift: Friedrichstraße 16, 95422 Bayreuth
   Postanschrift: Postfach 11 03 21, 95444 Bayreuth

   schriftlich oder zur Niederschrift des Urkundsbeamten der Geschäftsstelle einzulegen. Sie kann nur darauf gestützt werden, dass die Partei nach ihren persönlichen und wirtschaftlichen Verhältnissen Zahlungen zu leisten habe.
   Die Beschwerde kann nur bis zum Ablauf von drei Monaten seit der Verkündung der Entscheidung eingelegt werden. Wird die Entscheidung nicht verkündet, so tritt an die Stelle der Verkündigung der Zeitpunkt, in dem die unterschriebene Entscheidung der Geschäftsstelle des Gerichtes übergeben wurde.
   Im Übrigen ist der Beschluss unanfechtbar.
   Der Beschwerdeschrift eines Beteiligten sollen Abschriften für die übrigen Beteiligten beigefügt werden."
7. In Beschwerdeverfahren vor dem Oberverwaltungsgericht (hier: Bayerischer Verwaltungsgerichtshof) gegen Beschlüsse im Verfahren der Prozesskostenhilfe besteht kein Vertretungszwang, § 67 Abs. 4 Satz 1 VwGO.

Nr. 54. Gerichtsbescheid

M 5 K 18.984

Bayerisches Verwaltungsgericht München

Im Namen des Volkes

In der Verwaltungsstreitsache

Martin Kühn, Amalienstr. 10, 80253 München, – Kläger –

Bevollmächtigter: Rechtsanwalt Dr. Christian Rademacher,
Luxemburger Str. 12, 81266 Gräfelfing

gegen

den Freistaat Bayern, – Beklagter –

vertreten durch das Landratsamt München[1]

wegen Erstattung von Reisekosten

erlässt das Bayerische Verwaltungsgericht München, 5. Kammer, durch die Richterin am Verwaltungsgericht Döring[2]

am 16. April 2019

ohne mündliche Verhandlung[3] folgenden

Gerichtsbescheid:

I. Die Klage wird abgewiesen.[4]
II. Der Kläger hat die Kosten des Verfahrens zu tragen.
III. Der Gerichtsbescheid ist hinsichtlich der Kosten vorläufig vollstreckbar. Der Kläger kann die Vollstreckung durch Sicherheitsleistung oder Hinterlegung in Höhe des vollstreckbaren Betrages abwenden, wenn nicht der Beklagte vor der Vollstreckung Sicherheit in gleicher Höhe leistet.[5]

Tatbestand:

Wesentlicher Inhalt der Akten mit Anträgen

Entscheidungsgründe:

Zulässigkeit des Gerichtsbescheids, § 84 VwGO
Gegenstand der Klage, §§ 86 Abs. 1, 3, 88 VwGO
Zulässigkeit/Begründetheit der Klage
Kosten, § 154 Abs. 1 VwGO
Vorläufige Vollstreckbarkeit, § 167 Abs. 2 VwGO, § 708 Nr. 11, 711 ZPO

Rechtsmittelbelehrung[6, 7]

Nach §§ 84 und 124a VwGO können die Beteiligten die Zulassung der Berufung innerhalb eines Monats nach Zustellung dieses Gerichtsbescheids beim Bayerischen Verwaltungsgericht München

Hausanschrift: Bayerstraße 30, 80335 München
Postanschrift: Postfach 20 05 43, 80005 München

schriftlich beantragen. In dem Antrag ist der angefochtene Gerichtsbescheid zu bezeichnen.
Dem Antrag sollen vier Abschriften beigefügt werden.

Innerhalb von zwei Monaten nach Zustellung dieses Gerichtsbescheids sind die Gründe darzulegen, aus denen die Berufung zuzulassen ist. Die Begründung ist bei dem Bayerischen Verwaltungsgerichtshof

Hausanschrift in München: Ludwigstraße 23, 80539 München
Postanschrift in München: Postfach 34 01 48, 80098 München
Hausanschrift in Ansbach: Montgelasplatz 1, 91522 Ansbach

einzureichen, soweit sie nicht bereits mit dem Antrag vorgelegt wird.

Über die Zulassung der Berufung entscheidet der Bayerische Verwaltungsgerichtshof.

Vor dem Bayerischen Verwaltungsgerichtshof müssen sich die Beteiligten, außer im Prozesskostenhilfeverfahren, durch Prozessbevollmächtigte vertreten lassen. Dies gilt auch für Prozesshandlungen, durch die ein Verfahren vor dem Bayerischen Verwaltungsgerichtshof eingeleitet wird. Als Prozessbevollmächtigte zugelassen sind neben Rechtsanwälten und den in § 67 Abs. 2 S. 1 VwGO genannten Rechtslehrern mit Befähigung zum Richteramt die in § 67 Abs. 4 und 7 VwGO sowie §§ 3, 5 RDGEG bezeichneten Personen und Organisationen.

Anstelle der Zulassung der Berufung können die Beteiligten innerhalb eines Monats nach Zustellung des Gerichtsbescheides beim Bayerischen Verwaltungsgericht München

Hausanschrift: Bayerstraße 30, 80335 München
Postanschrift: Postfach 20 05 43, 80005 München

schriftlich oder zur Niederschrift des Urkundsbeamten mündliche Verhandlung beantragen.
Wird von den Rechtsbehelfen Gebrauch gemacht, findet eine mündliche Verhandlung statt.
Dem Antrag sollen vier Abschriften beigefügt werden.

Döring
(Döring)

Beschluss:

Der Streitwert wird auf 326 € festgesetzt (§ 52 Abs. 1, 3 GKG).

Rechtsmittelbelehrung[8]

Gegen diesen Beschluss steht den Beteiligten die Beschwerde an den Bayerischen Verwaltungsgerichtshof zu, wenn der Wert des Beschwerdegegenstandes 200,– € übersteigt oder die Beschwerde zugelassen wurde.
Die Beschwerde ist innerhalb von sechs Monaten, nachdem die Entscheidung in der Hauptsache Rechtskraft erlangt oder das Verfahren sich anderweitig erledigt hat, beim Bayerischen Verwaltungsgericht München

Hausanschrift: Bayerstraße 30, 80335 München
Postanschrift: Postfach 20 05 43, 80005 München

schriftlich oder zur Niederschrift des Urkundsbeamten der Geschäftsstelle einzulegen.[9]
Ist der Streitwert später als einen Monat vor Ablauf dieser Frist festgesetzt worden, kann die Beschwerde auch innerhalb eines Monats nach Zustellung oder formloser Mitteilung des Festsetzungsbeschlusses eingelegt werden.
Der Beschwerdeschrift sollen vier Abschriften beigefügt werden.

Anmerkungen

1. Die Klage richtet sich gegen den Freistaat Bayern, § 78 Abs. 1 VwGO.
   Zur Vertretung des Beklagten Freistaat Bayern durch die Ausgangsbehörde bzw. die Landesanwaltschaft s. Art. 16 BayAGVwGO i. V. m. § 3 Abs. 1, 2 der Verordnung über die Landesanwaltschaft Bayern (LABV).
2. Eine Übertragung auf den Einzelrichter ist unter den Voraussetzungen des § 6 Abs. 1 VwGO durch Beschluss der Kammer möglich.
   Ehrenamtliche Richter wirken nicht mit, vgl. § 5 Abs. 3 S. 2 VwGO.
3. Gerichtsbescheide können gem. § 84 Abs. 1 VwGO ohne mündliche Verhandlung erlassen werden, wenn
   – das Gericht der Auffassung ist, dass die Sache keine besonderen Schwierigkeiten tatsächlicher oder rechtlicher Art aufweist und der Sachverhalt geklärt ist, § 84 Abs. 1 S. 1 VwGO;
   – die Beteiligten vorher gem. § 84 Abs. 1 S. 2 VwGO gehört wurden (schriftlicher Hinweis mit Fristsetzung genügt, keine Zustimmung erforderlich).
4. Zur Tenorierung bei Erfolg der Klage vgl. Anmerkung 5 zu Formular 55.
5. Zur vorläufigen Vollstreckbarkeit vgl. § 167 VwGO i. V. m. §§ 708 ff. ZPO.
   In der Praxis findet sich bei der Abwendungsbefugnis auch die Formulierung: „... durch Sicherheitsleistung in Höhe von 110 % des zu vollstreckenden Betrages ...".
6. Zu den Zulässigkeitsvoraussetzungen des Rechtsbehelfes bei Nichtzulassung der Berufung vgl. § 84 Abs. 2 Nr. 2 VwGO i. V. m. § 124a Abs. 4 bis 6 VwGO. Wenn die Gründe des § 124 Abs. 2 Nr. 3 oder Nr. 4 VwGO vorliegen, wird die Berufung im Tenor des Gerichtsbescheides gem. § 124a Abs. 1 S. 1 VwGO ausdrücklich zugelassen; das Oberverwaltungsgericht (hier: der Bayerische Verwaltungsgerichtshof) ist an die Zulassung gebunden, § 124a Abs. 1 S. 2 VwGO.
   Zu den Zulässigkeitsvoraussetzungen der Berufung vgl. § 84 Abs. 2 Nr. 1 i. V. m. § 124a Abs. 2, 3 VwGO.
   Zu einer Nichtzulassung der Berufung ist das Verwaltungsgericht nicht befugt, § 124a Abs. 1 S. 3 VwGO.

7. Zur Beantragung der Durchführung einer mündlichen Verhandlung vgl. § 84 Abs. 2 Nr. 2 VwGO.
8. Beschwerdemöglichkeit gem. § 68 Abs. 1 GKG (Streitwertbeschwerde), nicht gem. § 146 Abs. 1 VwGO.
9. An dieser Stelle ergeht in der Praxis vereinzelt der Hinweis, dass bei der Einlegung der Streitwertbeschwerde kein Vertretungszwang besteht, vgl. § 68 Abs. 1 S. 5 i.V.m. § 66 Abs. 5 S. 1 GKG; vgl. Formulare 49 und 50.

Nr. 55. Verwaltungsgerichtsurteil[1]

M 1 K 18.783

Bayerisches Verwaltungsgericht München

Im Namen des Volkes

In der Verwaltungsstreitsache

Herbert Metzler, Unertlstr. 76, 80803 München

– Kläger –

bevollmächtigt:
Rechtsanwalt Otto Kurz, Donaustr. 11, 81679 München,

gegen

Freistaat Bayern, – Beklagter –
vertreten durch das Landratsamt München,[2,3]

beigeladen: Josefa und Georg Strobel, Unertlstr. 79, 80803 München,

bevollmächtigt:
Rechtsanwältin Karin Förg, Kaufinger Straße 24, 80331 München

wegen

Baugenehmigung zum Umbau eines Wohnhauses
erlässt das Bayerische Verwaltungsgericht München, 1. Kammer, durch den Präsidenten des Verwaltungsgerichts Prof. Geiger, die Richterin am Verwaltungsgericht Scherl, den Richter am Verwaltungsgericht Dr. Strehler, sowie die ehrenamtliche Richterin Steindlmüller und den ehrenamtlichen Richter Tischler,
auf Grund der mündlichen Verhandlung[4] vom 13. Juni 2019 folgendes

Urteil:[5]

I. Die Klage wird abgewiesen.
II. Der Kläger trägt die Kosten des Verfahrens einschließlich der außergerichtlichen Kosten der Beigeladenen.
III. Das Urteil ist hinsichtlich der Kostenentscheidung vorläufig vollstreckbar. Der Kläger kann die Vollstreckung durch Sicherheitsleistung in Höhe des vollstreckbaren Betrages abwenden, wenn nicht der Beklagte oder die Beigeladenen vor der Vollstreckung Sicherheit in gleicher Höhe leisten.[6]
IV. Die Berufung wird zugelassen.[7,8]

Tatbestand:[9]

Darstellung des wesentlichen, entscheidungserheblichen Sachverhalts

Entscheidungsgründe:[10]

Gegenstand der Klage
Zulässigkeit der Klage
Begründetheit der Klage, z. B. Feststellungen zum Sachverhalt mit Beweiswürdigung und rechtliche Ausführungen.
Kosten, §§ 154, 162 VwGO[11]
Vorläufige Vollstreckbarkeit, § 167 VwGO i. V. mit §§ 708 Nr. 11, 711 ZPO
Gründe für die Zulassung der Berufung, § 124 Abs. 1, Abs. 2 VwGO

Rechtsmittelbelehrung[7, 8]

Nach §§ 124, 124a Abs. 1 VwGO kann gegen dieses Urteil Berufung innerhalb eines Monats nach Zustellung des Urteils beim Bayerischen Verwaltungsgericht München,

Hausanschrift: Bayerstraße 30, 80335 München,
Postanschrift: Postfach 20 05 43, 80005 München

schriftlich eingelegt werden.
Die Berufung muss das angefochtene Urteil bezeichnen. Sie ist spätestens innerhalb von zwei Monaten nach Zustellung dieses Urteils zu begründen. Die Begründung ist, sofern sie nicht zugleich mit der Einlegung der Berufung erfolgt, beim Bayerischen Verwaltungsgerichtshof,

Hausanschrift in München: Ludwigstraße 23, 80539 München,
Postanschrift in München: Postfach 34 01 48, 80098 München,
Hausanschrift in Ansbach: Montgelasplatz 1, 91522 Ansbach

einzureichen. Sie muss einen bestimmten Antrag sowie die im Einzelnen anzuführenden Gründe der Anfechtung (Berufungsgründe) enthalten.

Über die Berufung entscheidet der Bayerische Verwaltungsgerichtshof.

Vor dem Bayerischen Verwaltungsgerichtshof müssen sich die Beteiligten, außer im Prozesskostenhilfeverfahren, durch Prozessbevollmächtigte vertreten lassen. Dies gilt auch für Prozesshandlungen, durch die ein Verfahren vor dem Bayerischen Verwaltungsgerichtshof eingeleitet wird. Als Prozessbevollmächtigte zugelassen sind neben Rechtsanwälten und den in § 67 Abs. 2 S. 1 VwGO genannten Rechtslehrern mit Befähigung zum Richteramt die in § 67 Abs. 4 und 7 VwGO sowie §§ 3, 5 RDGEG bezeichneten Personen und Organisationen.[12]

Geiger	*Scherl*	*Strehler*
(Prof. Geiger)	(Scherl)	(Dr. Strehler)[13]

Beschluss:

Der Streitwert wird auf 15.500,– € festgesetzt (§ 52 Abs. 1 GKG).
ggf. kurze Begründung

Rechtsmittelbelehrung[14]

Gegen diesen Beschluss steht den Beteiligten die Beschwerde an den Bayerischen Verwaltungsgerichtshof zu, wenn der Wert des Beschwerdegegenstandes 200 € übersteigt oder die Beschwerde zugelassen wurde. Die Beschwerde ist innerhalb von sechs Monaten, nachdem die Entscheidung in der Hauptsache Rechtskraft erlangt oder das Verfahren sich anderweitig erledigt hat, beim Bayerischen Verwaltungsgericht München

Hausanschrift: Bayerstraße 30, 80335 München
Postanschrift: Postfach 20 05 43, 80005 München

schriftlich oder zur Niederschrift des Urkundsbeamten der Geschäftsstelle einzulegen.[15]
Ist der Streitwert später als einen Monat vor Ablauf dieser Frist festgesetzt worden, kann die Beschwerde auch noch innerhalb eines Monats nach Zustellung oder formloser Mitteilung des Festsetzungsbeschlusses eingelegt werden.
Der Beschwerdeschrift eines Beteiligten sollen Abschriften für die übrigen Beteiligten beigefügt werden.

Geiger	*Scherl*	*Strehler*
(Prof. Geiger)	(Scherl)	(Dr. Strehler)

Anmerkungen

1. Zu Form und Inhalt des Urteils vgl. § 117 VwGO.
2. Vgl. § 3 Abs. 1, 2 der Verordnung über die Landesanwaltschaft Bayern (LABV); s. auch Anmerkung Nr. 1 zu Formular Nr. 54 (Gerichtsbescheid).
3. Ist das Land Kläger, so sind die jeweiligen Vertretungsverordnungen einschlägig (in Bayern: § 1 Abs. 1 Nr. 3a, §§ 2 ff. VertrV).
4. Vgl. § 101 Abs. 1 VwGO; eine Entscheidung ohne mündliche Verhandlung ist nur möglich, wenn die Beteiligten damit einverstanden sind (§ 101 Abs. 2 VwGO).
   Das Rubrum lautet dann: „... erlässt das Bayerische Verwaltungsgericht München am ... ohne mündliche Verhandlung ..."
5. Tenorierungsbeispiele für die Fassung des Tenors bei Erfolg der Klage:
   a) Im Falle des § 113 Abs. 1 S. 1 VwGO:
   „I. Der Bescheid des Landratsamts München vom ...[16] wird aufgehoben.
   II. Die Kosten des Verfahrens einschließlich der außergerichtlichen Kosten des Beigeladenen trägt der Beklagte.[17]
   III. ..."
   oder:
   „I. Der Bescheid des Landratsamts München vom ...[16] wird insoweit aufgehoben, als ...
   Im Übrigen wird die Klage abgewiesen.
   II. Von den Kosten des Verfahrens einschließlich der außergerichtlichen Kosten des Beigeladenen trägt der Beklagte ..., der Kläger ...[18]
   III. ..."
   oder:
   „I. Der Bescheid des Landratsamts München vom ...[16] wird dahin abgeändert, dass ...
   II. ... (Kostenteilung, s. o.)
   III. ..."
   b) oder im Falle des § 113 Abs. 5 VwGO:
   „I. Der Bescheid des Landratsamts München vom ...[16] wird aufgehoben.
   II. Der Beklagte wird verpflichtet, dem Kläger die Erlaubnis zum ... zu erteilen.
   III. Die Kosten des Verfahrens trägt der Beklagte.[18]
   IV. ..."

oder:

„I. Der Bescheid des Landratsamtes München vom …[16] wird aufgehoben.
II. Der Beklagte wird verpflichtet, den Antrag des Klägers unter Beachtung der Rechtsauffassung des Gerichts erneut zu bescheiden.
Im Übrigen wird die Klage abgewiesen.
III. Von den Kosten des Verfahrens trägt der Beklagte drei Viertel, der Kläger ein Viertel.[18, 19]
IV. …"

c) im Falle des § 113 Abs. 1 Satz 4 VwGO:

„I. Der Bescheid des Landratsamts München vom …[16] war rechtswidrig.[20]
II. Die Kosten des Verfahrens trägt der Beklagte.[18]
III. …"

6. Zur vorläufigen Vollstreckbarkeit vgl. § 167 VwGO i.V.m. §§ 708ff. ZPO; zur Formulierung der Abwendungsbefugnis s. auch Anmerkung Nr. 5 in Formular Nr. 54 (Gerichtsbescheid).

7. Wenn die Gründe des § 124 Abs. 2 Nr. 3 oder Nr. 4 VwGO vorliegen, wird die Berufung im Tenor des Urteils gem. § 124a Abs. 1 S. 1 VwGO ausdrücklich zugelassen; das Oberverwaltungsgericht (hier: der Bayerische Verwaltungsgerichtshof) ist an die Zulassung gebunden, vgl. § 124a Abs. 1 S. 2 VwGO.
Zu einer Nichtzulassung der Berufung ist das Verwaltungsgericht nicht befugt, § 124a Abs. 1 S. 3 VwGO.

8. Statt der Berufung kann im Urteil (oder auf Antrag durch Beschluss) wahlweise auch die Revision unter Umgehung der Berufungsinstanz zugelassen werden (Sprungrevision).
Zu den Voraussetzungen vgl. § 134 Abs. 1, 2 VwGO.
Zum dann zulässigen Rechtsmittel vgl. unten Anmerkung 12.

9. Zur Fassung des Tatbestandes vgl. § 117 Abs. 3 VwGO.

10. Zur Begründung s. § 117 Abs. 5 VwGO.

11. Vgl. § 161 VwGO.
Zur Kostentragungspflicht vgl. §§ 154ff. VwGO, zur Erstattungsfähigkeit von Kosten § 162 VwGO.

12. Bei Zulassung der Revision im Urteil wäre die Rechtsmittelbelehrung um folgenden Zusatz zu ergänzen:
Anstelle der Berufung kann gegen dieses Urteil die Revision zum Bundesverwaltungsgericht in Leipzig eingelegt werden, wenn der Kläger und der Beklagte der Einlegung der Sprungsrevision schriftlich zustimmen. Diese Zustimmung ist der Revisionsschrift beizufügen.
Die Revision ist innerhalb eines Monats nach Zustellung dieses Urteils beim Bayerischen Verwaltungsgerichtshof München

Hausanschrift: Bayerstraße 30, 80335 München
Postanschrift: Postfach 20 05 43, 80005 München

durch einen Rechtsanwalt oder einen Rechtslehrer an einer deutschen Hochschule im Sinne des Hochschulrahmengesetzes als Bevollmächtigten schriftlich einzulegen. Juristische Personen des öffentlichen Rechtes und Behörden können sich auch durch Beamte oder Angestellte mit Befähigung zum Richteramt sowie Diplom-Juristen im höheren Dienst, Gebietskörperschaften auch durch Beamte oder Angestellte mit Befähigung zum Richteramt der zuständigen Aufsichtsbehörde oder des jeweiligen kommunalen Spitzenverbandes des Landes, dem sie als Mitglied angehören, vertreten lassen. Die Revisionsfrist ist auch gewahrt, wenn die Revision innerhalb der Frist beim Bundesverwaltungsgericht,

Hausanschrift: Simsonplatz 1, 04107 Leipzig,
Postanschrift: Postfach 10 08 54, 04008 Leipzig,

eingelegt wird.
Die Revision muss das angefochtene Urteil bezeichnen.
Die Revision ist innerhalb von zwei Monaten nach Zustellung dieses Urteils zu begründen. Die Begründung ist bei dem Bundesverwaltungsgericht in Leipzig einzureichen. Sie muss einen bestimmten Antrag enthalten und die verletzte Rechtsnorm angeben. Die Einlegung der Revision und die Zustimmung gelten als Verzicht auf die Berufung.
Allen Schriftsätzen sollen vier Abschriften beigefügt werden.

13. Die Unterschrift der ehrenamtlichen Richter ist nicht erforderlich, § 117 Abs. 1 S. 4 VwGO.

14. Beschwerdemöglichkeit gem. § 68 Abs. 1 GKG (Streitwertbeschwerde), nicht gem. § 146 Abs. 1 VwGO.

15. An dieser Stelle ergeht in der Praxis vereinzelt ein Hinweis, dass bei der Einlegung der Streitwertbeschwerde kein Vertretungszwang besteht, vgl. § 68 Abs. 1 S. 5 i.V.m. § 66 Abs. 5 S. 1 GKG.

16. In den Fällen, in denen ein Widerspruchsverfahren durchgeführt wurde, ist auch der Widerspruchsbescheid aufzuheben, vgl. § 79 Abs. 1 Nr. 1 VwGO.
   a) Wenn der Widerspruchsbescheid den Ausgangsbescheid unverändert aufrechterhält, wird tenoriert:
      „I. Der Bescheid des/der … vom … und der Widerspruchsbescheid des/der … vom … werden aufgehoben. …"
   b) Wenn der Widerspruchsbescheid den Ausgangsbescheid verändert, wird tenoriert:
      „I. Der Bescheid des/der … vom … in der Gestalt des Widerspruchsbescheids des/der … vom … wird aufgehoben. …"

   Zur Kostenfrage bei Beteiligung eines Rechtsanwaltes im Widerspruchsverfahren vgl. Anm. 18.

17. Die außergerichtlichen Kosten eines Beigeladenen können als erstattungsfähige Kosten der unterliegenden Partei aus Billigkeitsgründen auferlegt werden, § 162 Abs. 3 VwGO. Billigkeit ist in der Regel dann anzunehmen, wenn der Beigeladene sich durch eine Antragstellung selbst einem Kostenrisiko ausgesetzt hat, vgl. § 154 Abs. 3 VwGO.

18. Soweit die Beteiligten bereits in einem Vorverfahren anwaltschaftlich vertreten waren, kommt auch ein Ausspruch über die Notwendigkeit der Zuziehung eines Bevollmächtigten in Betracht (§ 162 Abs. 2 Satz 2 VwGO).
   Der Ausspruch ist in den Gründen zur Kostenentscheidung zu begründen.

19. Bei einem Unterliegen wegen fehlender Spruchreife ist in der Praxis diese Kostenteilung üblich.

20. In der Praxis findet sich auch die Formulierung: „Es wird festgestellt, dass der Bescheid des/der … vom … rechtswidrig gewesen ist."

b) Rechtsmittelverfahren

Nr. 56. Zulassung der Berufung

8 ZB 18.232
D 12 K 17.871

Oberverwaltungsgericht für das Land Nordrhein-Westfalen

In dem Verwaltungsrechtsstreit

Firma Glaser Baumaschinen GmbH,
vertreten durch ihren Geschäftsführer Albert Pietschmann – Klägerin –,

bevollmächtigt:
Fachanwalt für Verwaltungsrecht Dr. Gerd Graubner, Hofaue 24, 42103 Wuppertal

gegen

die Stadt Wuppertal, – Beklagte –,
vertreten durch die Oberbürgermeisterin[1],

bevollmächtigt:
Rechtsanwalt Dr. Bernhard Klemm, Kurt-Drees-Straße 14, 42283 Wuppertal

wegen

Erhebung eines Erschließungsbeitrags
hier: Antrag der Beklagten auf Zulassung der Berufung

erlässt das Oberverwaltungsgericht für das Land Nordrhein-Westfalen in Münster, 8. Senat, durch den Vorsitzenden Richter am Oberverwaltungsgericht Huber und die Richterinnen am Oberverwaltungsgericht Sellmann und Mair ohne mündliche Verhandlung

am 13. Juni 2019

folgenden

Beschluss:[2]

I. Der Antrag auf Zulassung der Berufung gegen das Urteil des Verwaltungsgerichts Düsseldorf vom 19. Dezember 2018 – D 12 K 17.871 – wird abgelehnt.[3]
II. Die Beklagte trägt die Kosten des Zulassungsverfahrens.[4]
III. Der Streitwert für das Antragsverfahren wird auf 5780,– € festgesetzt.

Gründe:[5]

Zulässigkeit des Antrags, insbes. hinreichende Darlegung von Zulassungsgründen i. S. d. § 124 Abs. 2 VwGO
Vorliegen der dargelegten Zulassungsgründe (§ 124 Abs. 2 VwGO)

Hinweis: Mit der Ablehnung des Antrags wird die Entscheidung des Verwaltungsgerichts rechtskräftig (§ 124a Abs. 5 Satz 4 VwGO).[6]

Kostenentscheidung (§ 154 Abs. 2 VwGO)

Streitwertfestsetzung (§ 52 Abs. 1 und 3 GKG)

Huber	*Sellmann*	*Mair*
(Huber)	(Sellmann)	(Mair)

Anmerkungen

1. Vgl. § 63 Abs. 1 GO NRW bzw. vergleichbare Regelungen in den anderen Bundesländern, z. B. § 42 Abs. 1 GemO BW und Art. 38 Abs. 1 BayGO.
2. Entscheidung durch Beschluss gem. § 124a Abs. 5 S. 1 VwGO.
3. Bei Zulassung der Berufung erlässt das Oberverwaltungsgericht einen Beschluss nach folgendem Muster (vgl. § 124a Abs. 5 S. 2 VwGO):

Beschluss:[2]

„I. Die Berufung wird zugelassen, da
- ernstliche Zweifel an der Richtigkeit des Urteils bestehen (§ 124 Abs. 2 Nr. 1 VwGO). *und/oder*
- die Rechtssache besondere tatsächliche oder rechtliche Schwierigkeiten aufweist (§ 124 Abs. 2 Nr. 2 VwGO). *und/oder*
- die Rechtssache grundsätzliche Bedeutung hat (§ 124 Abs. 2 Nr. 3 VwGO). *und/oder*
- das Urteil/der Gerichtsbescheid von obergerichtlicher Rechtsprechung abweicht und auf dieser Abweichung beruht (§ 124 Abs. 2 Nr. 4 VwGO). *und/oder*
- ein der Beurteilung des Verwaltungsgerichtshofs unterliegender Verfahrensmangel geltend gemacht wird und vorliegt, auf dem die Entscheidung beruhen kann (§ 124 Abs. 2 Nr. 5 VwGO).

...

II. Das Verfahren wird unter dem Aktenzeichen 8 B 19.59 fortgesetzt, der Einlegung einer Berufung bedarf es nicht (§ 124a Abs. 5 Satz 5 VwGO).“ [7]

Belehrung:[8]

Die Berufung ist innerhalb eines Monats nach Zustellung des Beschlusses über die Zulassung der Berufung zu begründen.
Die Begründung ist beim Oberverwaltungsgericht für das Land Nordrhein-Westfalen,

Hausanschrift: Aegidiikirchplatz, 48143 Münster,
Postanschrift: Postfach 6309, 48033 Münster,

einzureichen.
Wegen der Verpflichtung, sich im Berufungsverfahren vertreten zu lassen, wird auf die Rechtsmittelbelehrung der angefochtenen Entscheidung verwiesen.
Die Begründungsfrist kann auf einen vor ihrem Ablauf gestellten Antrag von dem Vorsitzenden verlängert werden. Die Begründung muss einen bestimmten Antrag enthalten sowie die im Einzelnen anzuführenden Gründe der Anfechtung (Berufungsgründe). Mangelt es an einem dieser Erfordernisse, so ist die Berufung unzulässig.“

4. Zur Kostentragungspflicht vgl. § 154 Abs. 2 VwGO.
   Bei Ablehnung der Berufungszulassung ist im Beschluss auch über die Kosten zu entscheiden. Wird die Berufung teilweise zugelassen und die Zulassung im Übrigen abgelehnt, so bleibt die Kostenentscheidung dem Berufungsverfahren vorbehalten (Einheitlichkeit der Kostenentscheidung);
   siehe auch Anmerkung 7.

5. Neben der Regelung des § 124a Abs. 5 S. 3 VwGO bei Zulassung der Berufung besteht i. Ü. ganz generell eine Begründungspflicht bzgl. der Zulassungsentscheidung, vgl. § 122 Abs. 2 VwGO.
6. Wegen der Rechtskraftwirkung bedarf es keiner Rechtsmittelbelehrung.
   Einer solchen bedarf es auch nicht bei der Zulassung der Berufung wegen der Rechtswirkung des § 124a Abs. 5 S. 5 VwGO, s. auch Anmerkung 7.
7. Im Beschluss über die Zulassung der Berufung ergeht keine Kostenentscheidung; sie bleibt dem Berufungsverfahren vorbehalten, da das Zulassungsantragsverfahren als Berufungsverfahren fortgeführt wird, § 124a Abs. 5 S. 5 VwGO.
8. Vgl. § 124a Abs. 6 i. V. m. Abs. 3 S. 3–5 VwGO.

Nr. 57. Beschluss über das Ruhen des Verfahrens

3 B 19.137
M 4 K 18.778

Bayerischer Verwaltungsgerichtshof

In der Verwaltungsstreitsache

Franz Wiegand, Bachstr. 88, 85276 Pfaffenhofen an der Ilm,

– Kläger –,

bevollmächtigt:
Rechtsanwalt Dr. Hubert Böckler, Marienplatz 2, 80331 München,

gegen

den Bezirk Oberbayern, München,
vertreten durch den Bezirkstagspräsidenten[1]

– Beklagter –,

wegen

Gewässerunterhalt an der Wolnzach;
Berufung gegen das Urteil des Verwaltungsgerichts München vom 23. November 2018
hier: Antrag auf Ruhen des Verfahrens

erlässt der Bayerische Verwaltungsgerichtshof, 3. Senat, durch den Richter am Verwaltungsgerichtshof Kopp[2] ohne mündliche Verhandlung

am 29. Mai 2019

folgenden

Beschluss:[3]

Das Ruhen des Verfahrens wird angeordnet.[4, 5, 6]

Kopp
(Kopp)

Anmerkungen

1. Vgl. Art. 33a Abs. 1 BezO.
2. Entscheidung durch den Berichterstatter gem. §§ 125 Abs. 1, 87a Abs. 1 Nr. 1, Abs. 3 VwGO.
3. Das Gericht entscheidet von Amts wegen durch Beschluss.
4. Entscheidung des Ruhens des Verfahrens gem. § 173 VwGO i. V. m. § 251 ZPO. Im Übrigen ist gem. § 125 Abs. 1 S. 1 i. V. m. § 94 VwGO bei Vorliegen der Voraussetzungen auch eine Aussetzung der Verhandlung möglich.
5. Die Entscheidung ergeht ohne schriftliche Begründung (§ 122 Abs. 2 S. 1 VwGO).
6. Keine Rechtsbehelfsbelehrung, da Beschlüsse des Oberverwaltungsgerichts (hier: Bayerischer Verwaltungsgerichtshof) grundsätzlich nicht mit einer Beschwerde zum Bundesverwaltungsgericht angegriffenen werden können, § 152 Abs. 1 VwGO.

Nr. 58. Beschwerdeentscheidung

3 C 32/19
7 E 17/19

Verwaltungsgerichtshof Baden-Württemberg

In der Verwaltungsrechtssache

Peter Runge, Lessingstraße 103, 79098 Freiburg – Antragsteller –,

bevollmächtigt:
Rechtsanwältin Dr. Doris Reuther, Bismarckallee 7, 79098 Freiburg

gegen

das Land Baden-Württemberg, – Antragsgegner –,
vertreten durch den Präsidenten des Oberlandesgerichts Karlsruhe[1]

wegen

Zulassung zur mündlichen Prüfung nach der JAPrO,

hier: Beschwerde der Antragstellerin gegen den Beschluss des Verwaltungsgerichts Freiburg vom 6. März 2019

erlässt der Verwaltungsgerichtshof Baden-Württemberg, 3. Senat, durch den Vorsitzenden Richter am Verwaltungsgerichtshof Kobel, die Richterin am Verwaltungsgerichtshof Dr. Schwarz und den Richter am Verwaltungsgerichtshof Nikl ohne mündliche Verhandlung

am 11. März 2019

folgenden

Beschluss:[2]

I. Die Beschwerde wird zurückgewiesen.[3]
II. Der Beschwerdeführer hat die Kosten des Beschwerdeverfahrens zu tragen.
III. Der Streitwert für das Beschwerdeverfahren wird auf 1500,– € festgesetzt.[4]

Gründe:[5]

kurze Darstellung des Sachverhaltes

wesentliche Gründe, insbes.
Zulässigkeit der Beschwerde, § 146 VwGO
Begründetheit der Beschwerde
Kostenentscheidung, § 154 Abs. 2 VwGO
Streitwertfestsetzung, § 53 Abs. 3 Nr. 1 und § 52 Abs. 1 und 2 GKG[6]

Kobel	*Dr. Schwarz*	*Nikl*
(Kobel)	(Dr. Schwarz)	(Nikl)

Anmerkung

1. Die Vertretung vor den Verwaltungsgerichten in Baden-Württemberg richtet sich nach der gem. § 1 Abs. 2 der Anordnung der Landesregierung über die Vertretung des Landes in gerichtlichen Verfahren und förmlichen Verfahren vor den Landesbehörden erlassenen Bekanntmachung der Ministerien in I. Abs. 1 Nr. 1., Abs. 3.
   Zur Vertretung in anderen Bundesländern vgl. z. B. § 3 Abs. 1, 3 i. V. m. § 1 Abs. 2 der Verordnung über die Landesanwaltschaft Bayern (LABV).
2. Die Entscheidung ergeht durch Beschluss, § 150 VwGO.
3. Bei Unbegründetheit wird die Beschwerde zurückgewiesen, bei Unzulässigkeit verworfen.
4. Zur Festsetzung des Streitwertes in Rechtsmittelverfahren vgl. § 47 GKG.
5. Zur Begründung vgl. § 122 Abs. 2 VwGO.
6. Beschwerdeentscheidungen der Oberverwaltungsgerichte (hier: Verwaltungsgerichtshof Baden-Württemberg) können grundsätzlich nicht mit der Beschwerde an das Bundesverwaltungsgericht angefochten werden, § 152 Abs. 1 VwGO.

Nr. 59. Berufungsurteil

1 B 18.417
M 4 K 17.323

Bayerischer Verwaltungsgerichtshof

Im Namen des Volkes

In der Verwaltungsstreitsache
Martin Zenker, Talstr. 18, 85276 Pfaffenhofen a. d. Ilm, – Kläger –,

bevollmächtigt:
Rechtsanwältin Dr. Hedwig Meier, Basler Str. 45, 80799 München

gegen

den Freistaat Bayern, – Beklagter –,
vertreten durch die Landesanwaltschaft Bayern[1]

beigeladen:
1. Gemeinde Pfaffenhofen a. d. Ilm,
   vertreten durch den 1. Bürgermeister
2. Max Moser, Amalienstr. 88, 80799 München,
   bevollmächtigt:
   Rechtsanwalt Dr. Rudolf Barthel, Elisabethplatz 5, 80796 München

wegen

Erteilung einer Baugenehmigung an den Beigeladenen zu 2),

hier: Berufungen des Beklagten und des Beigeladenen zu 2) gegen das Urteil des Verwaltungsgerichts München vom 5. März 2018

erlässt der Bayerische Verwaltungsgerichtshof, 1. Senat, durch den Vorsitzenden Richter am Verwaltungsgerichtshof Dr. Ehinger und die Richter am Verwaltungsgerichtshof Grimmer und Dr. Zeller[2] auf Grund der mündlichen Verhandlung[3] vom 16. Mai 2019 folgendes

Urteil:[4, 5]

I. Das Urteil des Verwaltungsgerichtes München vom 5. März 2018 wird aufgehoben.
II. Die Klage wird abgewiesen.
III. Die Kosten des Verfahrens in beiden Rechtszügen einschließlich der außergerichtlichen Kosten des Beigeladenen zu 2) trägt der Kläger.
IV. Das Urteil ist hinsichtlich der Kostenentscheidung vorläufig vollstreckbar. Der Kläger darf die Vollstreckung durch Sicherheitsleistung in Höhe des vollstreckbaren Betrags abwenden, wenn nicht der jeweilige Vollstreckungsgläubiger vor der Vollstreckung Sicherheit in gleicher Höhe leistet.[6]
V. Die Revision wird zugelassen.[7]

Tatbestand:[8]

Darstellung des wesentlichen, entscheidungserheblichen Sachverhalts

Entscheidungsgründe:

Zulässigkeit der Berufung, §§ 124, 124a VwGO,
Begründetheit der Berufung mit Ausführungen zur Zulässigkeit und Begründetheit der Klage,
Kosten beider Rechtszüge, § 154 Abs. 1 oder 2 VwGO und außergerichtliche Kosten des Beigeladenen zu 2), § 162 Abs. 3 VwGO
vorläufige Vollstreckbarkeit, § 167 VwGO i. V. mit §§ 708ff. ZPO
Gründe der Zulassung der Revision, § 132 Abs. 2 VwGO

Rechtsmittelbelehrung[9]

Nach § 139 VwGO kann die Revision innerhalb eines Monats nach Zustellung dieser Entscheidung beim
Bayerischen Verwaltungsgerichtshof in München

Hausanschrift in München: Ludwigstr. 23, 80539 München
Postanschrift in München: Postfach 34 01 48, 80098 München
Hausanschrift in Ansbach: Montgelasplatz 1, 91522 Ansbach

schriftlich eingelegt werden. Die Revisionsfrist ist auch gewahrt, wenn die Revision innerhalb der Frist bei dem Bundesverwaltungsgericht eingelegt wird. Die Revision muss die angefochtene Entscheidung bezeichnen. Sie ist innerhalb von zwei Monaten nach Zustellung dieser Entscheidung zu begründen. Die Begründung ist beim Bundesverwaltungsgericht,

Hausanschrift: Simsonplatz 1, 04107 Leipzig,
Postanschrift: Postfach 10 08 54, 04008 Leipzig,

einzureichen. Die Revisionsbegründung muss einen bestimmten Antrag enthalten, die verletzte Rechtsnorm und, soweit Verfahrensmängel gerügt werden, die Tatsachen angeben, die den Mangel ergeben.
Vor dem Bundesverwaltungsgericht muss sich jeder Beteiligte, außer in Prozesskostenhilfeverfahren, durch einen Prozessbevollmächtigte vertreten lassen. Als Prozessbevollmächtigte zugelassen sind neben Rechtsanwälten und Rechtslehrern an den in § 67 Abs. 2 Satz 1 VwGO genannten Hochschulen mit Befähigung zum Richteramt nur die in § 67 Abs. 4 Satz 4 VwGO und in §§ 3, 5 RDGEG bezeichneten Personen. Für die in § 67 Abs. 4 Satz 5 VwGO genannten Angelegenheiten (u.a. Verfahren mit Bezügen zu Dienst- und Arbeitsverhältnissen) sind auch die dort bezeichneten Organisationen und juristischen Personen als Bevollmächtigte zugelassen. Sie müssen in Verfahren vor dem Bundesverwaltungsgericht durch Personen mit der Befähigung zum Richteramt handeln.

Ehinger	*Grimmer*	*Zeller*
(Dr. Ehinger)	(Grimmer)	(Dr. Zeller)

Beschluss:[10]

Der Streitwert für das Berufungsverfahren wird auf 22.000 € festgesetzt.[11]

Ehinger	*Grimmer*	*Zeller*
(Dr. Ehinger)	(Grimmer)	(Dr. Zeller)

Anmerkungen

1. Zur Vertretung des Freistaates Bayern vgl. § 3 Abs. 1, 3 i.V.m. § 1 Abs. 2 der Verordnung über die Landesanwaltschaft Bayern (LABV).
2. Zur Besetzung des Senats vgl. § 9 Abs. 3 VwGO.
3. Ohne mündliche Verhandlung kann nur mit Einverständnis aller Beteiligten entschieden werden, § 101 Abs. 2 VwGO; s. aber auch Anmerkung 4.
4. Unter den Voraussetzungen des § 130a VwGO kann das Oberverwaltungsgericht (hier: Bayerischer Verwaltungsgerichtshof) über die Berufung auch durch Beschluss entscheiden, eine mündliche Verhandlung findet in diesen Fällen nicht statt.
5. Das Berufungsurteil darf das Ersturteil nur soweit ändern, als eine Änderung beantragt ist, § 129 VwGO.
   Beispiele für die Fassung des Tenors:

   „I. Das Urteil des Verwaltungsgerichts München vom … wird abgeändert und erhält in Nummer 1. und 2. folgende Fassung:
   1. Der Bescheid des Landratsamtes … vom … wird insoweit aufgehoben, als dem Kläger für den Fall nicht rechtzeitiger Beseitigung der Einfriedung ein Zwangsgeld von 1500 € angedroht wurde.
   Im Übrigen wird die Klage abgewiesen.
   2. Von den Kosten des Verfahrens hat der Kläger drei Viertel, der Beklagte ein Viertel zu tragen.

   II. Im Übrigen wird die Berufung zurückgewiesen.
   III. Von den Kosten des Berufungsverfahrens hat der Kläger drei Viertel, der Beklagte ein Viertel zu tragen.
   IV. Die Kostenentscheidung ist vorläufig vollstreckbar. Der Beklagte darf die Vollstreckung von Seiten des Klägers durch Sicherheitsleistung in Höhe des zu vollstreckenden Betrages abwenden, wenn nicht zuvor der Kläger Sicherheit in gleicher Höhe leistet.
   V. Die Revision wird nicht zugelassen.[7]"

   oder:

   „I. Das Urteil des Verwaltungsgerichts … vom … der Bescheid des/der … vom … und der Widerspruchsbescheid der … vom … werden aufgehoben.
   II. Der/Die Beklagte hat die Kosten des Verfahrens in beiden Rechtszügen zu tragen.
   III. Die Revision wird zugelassen.[7]"

   oder:

   „I. Das Urteil des Verwaltungsgerichts … vom … wird aufgehoben.
   II. Die Sache wird zur erneuten Verhandlung und Entscheidung an das Verwaltungsgericht … zurückverwiesen.
   III. Die Entscheidung über die Kosten bleibt der Endentscheidung vorbehalten.
   IV. Die Revision wird zugelassen.[7]"

   oder im Fall der Unzulässigkeit der Berufung (vgl. § 125 Abs. 2 VwGO):[6]

   „I. Die Berufung wird verworfen.
   II. Der Kläger hat die Kosten des Berufungsverfahrens einschließlich der außergerichtlichen Kosten des Beigeladenen … zu tragen.
   III. Die Revision wird nicht zugelassen.[7]"
6. Bei Unzulässigkeit der Berufung kann die Entscheidung nach Anhörung der Beteiligten auch durch Beschluss ergehen, § 125 Abs. 2 S. 2 und 3 VwGO.

7. Zur vorläufigen Vollstreckbarkeit vgl. § 167 VwGO i. V. m. §§ 708 ff. ZPO.
   Zur Abwendungsbefugnis s. auch Anmerkung 5 in Formular Nr. 54 (Gerichtsbescheid).

8. Zur Zulassung der Revision vgl. § 132 Abs. 1 VwGO. Das Bundesverwaltungsgericht ist an die Zulassung gebunden, § 132 Abs. 3 VwGO.
   Anders als bei der Berufungszulassung durch das Verwaltungsgericht hat das Oberverwaltungsgericht (hier: Bayerischer Verwaltungsgerichtshof) eine ausdrückliche Befugnis zur Nichtzulassung der Revision, vgl. §§ 132 Abs. 1, 133 Abs. 1 VwGO.
   Zur dann einschlägigen Rechtsbehelfsbelehrung siehe unten Anmerkung 10.

9. Zur Abfassung des Tatbestandes vgl. § 125 Abs. 1 i. V. m. § 117 Abs. 3 VwGO.

10. Rechtsmittelbelehrung, wenn die Revision gegen das Urteil nicht zugelassen wurde:

    Rechtsmittelbelehrung

    Nach § 133 VwGO kann die Nichtzulassung der Revision durch Beschwerde zum Bundesverwaltungsgericht in Leipzig angefochten werden. Die Beschwerde ist beim Bayerischen Verwaltungsgerichtshof in München

    Hausanschrift in München: Ludwigstr. 23, 80539 München
    Postanschrift in München: Postfach 34 01 48, 80098 München
    Hausanschrift in Ansbach: Montgelasplatz 1, 91522 Ansbach

    innerhalb eines Monats nach Zustellung dieser Entscheidung schriftlich einzulegen und innerhalb von zwei Monaten nach Zustellung dieser Entscheidung zu begründen. Die Beschwerde muss die angefochtene Entscheidung bezeichnen. In der Beschwerdebegründung muss die grundsätzliche Bedeutung der Rechtssache dargelegt oder die Entscheidung des Bundesverwaltungsgerichts oder des Gemeinsamen Senats der obersten Gerichtshöfe des Bundes oder des Bundesverfassungsgerichts, von der die Entscheidung des Bayerischen Verwaltungsgerichtshofs abweicht, oder der Verfahrensmangel bezeichnet werden.
    Vor dem Bundesverwaltungsgericht muss sich jeder Beteiligte, außer in Prozesskostenhilfeverfahren, durch Prozessbevollmächtigte vertreten lassen. Dies gilt auch für Prozesshandlungen, durch die ein Verfahren vor dem Bundesverwaltungsgericht eingeleitet wird.
    …

    Zu den zugelassenen Prozessbevollmächtigte vgl. i. Ü. § 67 Abs, 2, 4 VwGO.

10. Zur Streitwertfestsetzung vgl. § 47 GKG.

11. Eine Rechtsbehelfsbelehrung ist nicht beizufügen, da ein Rechtsmittel gegen den Streitwertbeschluss nicht gegeben ist, vgl. §§ 68 Abs. 1 S. 5 i. V. m. 66 Abs. 3 S. 3 GKG.

D. STEUERRECHT

Nr. 60. Einspruch gegen Steuerbescheid[1]

Steuerkanzlei Wagner
Hoppestraße 23
93049 Regensburg

30.4.2019

Per Telefax:
Finanzamt München II

TelefaxNr.: 089/1252–2222

Steuernummer 135/288/00989, Steuerpflichtige Helga Zahn;
Einkommensteuerveranlagung 2018
hier: Einspruch gegen den Einkommensteuerbescheid 2018 vom 18.4.2019

Sehr geehrte Damen und Herren,

namens und im Auftrag meiner Mandantin lege ich hiermit fristgerecht

Einspruch

gegen den im Betreff genannten Einkommensteuerbescheid ein und beantrage Neufestsetzung des Erstattungsbetrages.

Neben dem Verstoß gegen … rüge ich insbesondere die fehlerhafte Berücksichtigung …

Begründung

formelle Gründe,
materielle Gründe, z. B.
Insbesondere die Berücksichtigung der Sonderausgaben erfolgte fehlerhaft. Anstelle der eigentlich abzugsfähigen Vorsorgeaufwendungen i. H. v. 1400,– € wurden lediglich Aufwendungen i. H. v. 1010,– € in Ansatz gebracht. …

Zudem ist bezüglich dieser Frage ein Verfahren beim Bundesfinanzhof, Az. IV R 103/17 anhängig. Es wird deshalb beantragt, bis zur endgültigen gerichtlichen Klärung dieser Frage das Verfahren ruhen zu lassen.[2]

Vollmacht liegt bereits vor.

Mit freundlichen Grüßen,

Emilio Wagner
Emilio Wagner,
Steuerberater

Anmerkungen

1. Die Voraussetzungen zur Einlegung des Einspruchs ergeben sich aus der den Steuerbescheiden beigefügten Rechtsbehelfsbelehrung:
   Die Festsetzung der ... *(Abgabenart)* kann mit dem Einspruch angefochten werden.
   Der Einspruch ist bei dem vorbezeichneten Finanzamt oder bei der angegebenen Außenstelle schriftlich einzureichen, diesem/dieser elektronisch zu übermitteln oder dort zur Niederschrift zu erklären. Ein Einspruch ist jedoch ausgeschlossen, soweit dieser Bescheid einen Verwaltungsakt ändert oder ersetzt, gegen den ein zulässiger Einspruch oder (nach einem zulässigen Einspruch) eine zulässige Klage, Revision oder Nichtzulassungsbeschwerde anhängig ist. In diesem Fall wird der neue Verwaltungsakt Gegenstand des Rechtsbehelfsverfahrens. Dies gilt auch, soweit sich ein angefochtener Vorauszahlungsbescheid durch die Jahressteuerfestsetzung erledigt.
   Die Frist für die Einlegung eines Einspruchs beträgt einen Monat. Sie beginnt mit Ablauf des Tages, an dem Ihnen dieser Bescheid bekannt gegeben worden ist. Bei Zusendung durch einfachen Brief gilt die Bekanntgabe mit dem dritten Tag nach Aufgabe zur Post als bewirkt, es sei denn, dass der Bescheid zu einem späteren Zeitpunkt zugegangen ist.
   Hinweis: Entscheidungen in einem Grundlagenbescheid (z.B. Feststellungsbescheid) können nur durch Anfechtung des Grundlagenbescheides, nicht auch durch Anfechtung eines davon abhängigen weiteren Bescheids (Folgebescheid) angegriffen werden. Wird ein Grundlagenbescheid berichtigt, geändert oder aufgehoben (z.B. aufgrund eines eingelegten Einspruchs), so werden die davon abhängigen Bescheide von Amts wegen geändert oder aufgehoben.
   Wenn Sie beabsichtigen, einen Einspruch elektronisch einzulegen, wird empfohlen, den Einspruch über das Elster-Online-Portal (www.elsteronline.de) zu übermitteln.
   Zur Statthaftigkeit des Einspruchs vgl. § 347 Abs. 1 AO, zur Einspruchsfrist vgl. §§ 355, 356 AO, zu den übrigen formellen Voraussetzungen vgl. § 357 AO.

2. Zu den Fällen des Ruhens des Verfahrens vgl. § 363 AO.

Nr. 61. Einspruchsentscheidung des Finanzamts

Finanzamt München[1] München, 27.6.2019

St. Nr. 135/255/14356

Steuerkanzlei
Dr. Antonia Meier
Heßstr. 45
80799 München

Einspruchsentscheidung

Über den Einspruch vom 16.5.2019
von Frau Bettina Kohlndorfer,
Prinzregentenstr. 41, 80538 München,
vertreten durch die Steuerkanzlei Dr. Antonia Meier,
Heßstr. 45, 80799 München
gegen den Einkommensteuerbescheid 2018 vom 24.4.2019
entscheidet das Finanzamt München:

In Abänderung des Bescheids vom 24.4.2019 wird die Einkommensteuer 2018 auf 12.476,– € herabgesetzt.
Im Übrigen wird der Einspruch als unbegründet zurückgewiesen.[2, 3]

Gründe:

I.

Sachdarstellung mit dem Antrag des Einspruchsführers

II.

Rechtliche Würdigung (und ggf. Neuberechnung der festgesetzten Steuer)

Rechtsbehelfsbelehrung[4]

Gegen diese Entscheidung kann Klage erhoben werden. Die Klage ist bei dem Finanzgericht München, Postfach 86 03 60, 81630 München, schriftlich einzureichen oder zur Niederschrift des Urkundsbeamten der Geschäftsstelle beim Finanzgericht München in 81675 München, Ismaninger Str. 95, zu erklären. Ebenso kann die Klage bei den Außensenaten des Finanzgerichts München in 86150 Augsburg, Frohsinnstr. 21, schriftlich eingereicht oder zur Niederschrift des Urkundsbeamten der Geschäftsstelle der Außensenate erklärt werden.
Die Klage ist gegen das Finanzamt München zu richten. Die Frist für die Erhebung der Klage beträgt einen Monat. Sie beginnt mit Ablauf des Tages, an dem Ihnen diese Einspruchsentscheidung bekannt gegeben worden ist. Bei Zusendung durch einfachen Brief oder Zustellung durch eingeschriebenen Brief gilt die Bekanntgabe mit dem dritten Tage nach Aufgabe zur Post als bewirkt, es sei denn, dass diese Einspruchsentscheidung zu einem späteren Zeitpunkt zugegangen ist. Bei Zustellung

mit Zustellungsurkunde oder gegen Empfangsbekenntnis ist Tag der Bekanntgabe der Tag der Zustellung; im Falle der Ersatzzustellung durch Niederlegung ist bereits der Tag der Abgabe der schriftlichen Mitteilung über die Niederlegung der Tag der Zustellung. Die Frist für die Erhebung der Klage gilt als gewahrt, wenn die Klage bei dem Finanzamt München innerhalb der Frist angebracht oder zur Niederschrift gegeben wird.
Die Klage muss den Kläger, den Beklagten, den Gegenstand des Klagebegehrens, den angefochtenen Verwaltungsakt und die Einspruchsentscheidung bezeichnen. Sie soll einen bestimmten Antrag enthalten und die zur Begründung dienenden Tatsachen und Beweismittel angeben. Die Klageschrift soll in zweifacher Ausfertigung eingereicht werden. Ihr sollen die Urschrift oder eine Abschrift des angefochtenen Verwaltungsakts und der Einspruchsentscheidung beigefügt werden.[4, 5]

Neugebauer
(Neugebauer)
Regierungsdirektorin

Anmerkungen

1. Über den Einspruch entscheidet grundsätzlich die Finanzbehörde, die den Verwaltungsakt erlassen hat, § 367 Abs. 1 S. 1 AO.

2. Nach § 367 Abs. 2 S. 3 AO bedarf es einer Einspruchsentscheidung nur insoweit, als die Finanzbehörde dem Einspruch nicht abhilft.
Wird dem Einspruch vollinhaltlich entsprochen, erfolgt in der Regel nur eine Berichtigungsveranlagung i.S.d. § 172 Abs. 1 Nr. 2a AO mit dem Hinweis „Hierdurch erledigt sich Ihr Rechtsbehelf/Antrag vom …“.

3. Für Entscheidungen über den Einspruch als außergerichtlichem Rechtsbehelf werden keine Kosten erhoben (beachte aber § 139 Abs. 1 FGO).

4. Bei einheitlicher und gesonderter Feststellung von Besteuerungsgrundlagen ist die Rechtsbehelfsbelehrung um folgenden Teil zu ergänzen:

   „Betrifft diese Einspruchsentscheidung eine einheitliche und gesonderte Feststellung von Besteuerungsgrundlagen, sind folgende Personen zur Klageerhebung berechtigt:
   - Grundsätzlich nur die zur Vertretung berufenen Geschäftsführer oder, wenn solche nicht vorhanden sind, der Empfangsbevollmächtigte im Sinne des § 183 AO bzw. des § 6 der V zu § 180 Abs. 2 AO;
   - wenn weder ein zur Vertretung berufener Geschäftsführer noch ein Empfangsbevollmächtigter im Sinne des § 183 AO bzw. der § 6 der V zu § 180 Abs. 2 AO vorhanden ist: Jeder Gesellschafter, Gemeinschafter oder Mitberechtigte, gegen den der Feststellungsbescheid ergangen ist;
   - wenn kein zur Vertretung berufener Geschäftsführer, aber ein Empfangsbevollmächtigter im Sinne des § 183 AO bzw. des § 6 der V zu § 180 Abs. 2 AO vorhanden ist: Der Empfangsbevollmächtigte und, falls der Empfangsbevollmächtigte von Gesetzes wegen fingiert oder von der Finanzbehörde bestimmt wurde, jeder Feststellungsbeteiligte, der für seine Person der Klagebefugnis des Empfangsbevollmächtigten gegenüber dem Finanzamt widersprochen hat;
   - soweit es sich darum handelt, wer an dem festgestellten Betrag beteiligt ist und wie dieser sich auf die einzelnen Beteiligten verteilt:
     jeder, der durch die Feststellungen hierzu berührt wird;
   - soweit es sich um eine Frage handelt, die einen Beteiligten persönlich angeht (z.B. Sondervergütungen, persönliche Betriebsausgaben oder Wirtschaftsgüter im Eigentum eines Gesellschafters):
     jeder, der durch die Feststellungen über die Frage berührt wird;

– ausgeschiedene Gesellschafter, Gemeinschafter oder Mitberechtigte, gegen die der Feststellungsbescheid ergangen ist oder zu ergehen hätte.“
vgl. § 48 FGO.

5. Betrifft die Einspruchsentscheidung eine Ablehnung der Aussetzung der Vollziehung, ist sie um folgenden Teil zu ergänzen:

„Betrifft die Einspruchsentscheidung eine Ablehnung der Aussetzung der Vollziehung, kann beim Finanzgericht keine Klage, sondern nur ein Antrag auf gerichtliche Vollziehungsaussetzung gestellt werden (§ 361 Abs. 4 AO, § 69 Abs. 7 FGO). Ist die Streitsache, für die Aussetzung der Vollziehung begehrt wird, in der Hauptsache bereits beim Bundesfinanzhof anhängig, dann ist der Antrag auf gerichtliche Vollziehungsaussetzung beim Bundesfinanzhof, Ismaninger Straße 109, 81629 München zu stellen.“

Nr. 62. Finanzgerichtsurteil

Finanzgericht München
1 K 246/18

Im Namen des Volkes

Urteil[1]

In der Streitsache

Max Gasser, Neuhauser Straße 49, 80331 München, – Kläger –
Prozessbevollmächtigter: Wirtschaftsprüfer Dr. Arthur Koch,
Hohenzollernstr. 1, 80801 München
St. Nr. 346/16824

gegen

Finanzamt München – Beklagter –
vertreten durch die Amtsvorsteherin

beigeladen:[2] Anton Huber, Gerstäckerstraße 39, 81827 München

Prozessbevollmächtigter: Rechtsanwalt Dr. Karl Otten,
Karlsplatz 6, 80335 München

wegen einheitlicher und gesonderter Gewinnfeststellung 2017

der Fa. Maier und Huber KG

hat das Finanzgericht München, 1. Senat, unter Mitwirkung
des Vorsitzenden Richters am Finanzgericht Dr. Angermüller,
der Richter am Finanzgericht Kugele und Dr. Schüssl
sowie der ehrenamtlichen Richterinnen Harringer und Bühler[3]
auf Grund der mündlichen Verhandlung[4] vom 31.5.2019
für Recht erkannt:

1. Die Klage wird abgewiesen.
2. Der Kläger trägt die Kosten des Verfahrens.
3. Die Revision wird nicht zugelassen.[5, 6]

Gründe:

I.

Kurze Darstellung des Sachstandes[7]

II.

Zulässigkeit der Klage (Ausführungen nur soweit zweifelhaft)
Begründetheit der Klage (ggf. Feststellungen zum Sachverhalt, evtl. Beweiswürdigung; rechtliche Ausführungen)
Kostenentscheidung, §§ 135 ff. FGO[8]

Rechtsmittelbelehrung[9]

Die Nichtzulassung der Revision in diesem Urteil kann durch Beschwerde angefochten werden.
Die Beschwerde ist innerhalb eines Monats nach Zustellung des vollständigen Urteils bei dem Bundesfinanzhof einzulegen. Sie muss das angefochtene Urteil bezeichnen. Der Beschwerdeschrift soll eine Abschrift oder Ausfertigung des angefochtenen Urteils beigefügt werden. Die Beschwerde ist innerhalb von zwei Monaten nach Zustellung des vollständigen Urteils zu begründen. Auch die Begründung ist bei dem Bundesfinanzhof einzureichen.
Bei der Einlegung und Begründung der Beschwerde muss sich jeder Beteiligte durch einen Steuerberater, einen Steuerbevollmächtigten, einen Rechtsanwalt, einen niedergelassenen europäischen Rechtsanwalt, einen Wirtschaftsprüfer oder einen vereidigten Buchprüfer als Bevollmächtigten vertreten lassen. Zur Vertretung berechtigt sind auch Steuerberatungsgesellschaften, Rechtsanwaltsgesellschaften, Wirtschaftsprüfungsgesellschaften und Buchprüfungsgesellschaften sowie Partnerschaftsgesellschaften, die durch einen der in dem vorigen Satz aufgeführten Berufsangehörigen tätig werden. Juristische Personen des öffentlichen Rechts und Behörden können sich auch durch Beamte oder Angestellte mit Befähigung zum Richteramt sowie durch Diplomjuristen im höheren Dienst vertreten lassen.
Der Bundesfinanzhof hat die Postanschrift: Postfach 860240, 81629 München, und die Hausanschrift: Ismaninger Str. 109, 81675 München, sowie den Telefax-Anschluss: 089/9231-201.
Lässt der Bundesfinanzhof aufgrund der Beschwerde die Revision zu, so wird das Verfahren als Revisionsverfahren fortgesetzt. Der Einlegung einer Revision durch den Beschwerdeführer bedarf es nicht. Innerhalb eines Monats nach Zustellung des Beschlusses des Bundesfinanzhofs über die Zulassung der Revision ist jedoch bei dem Bundesfinanzhof eine Begründung der Revision einzureichen. Die Beteiligten müssen sich auch im Revisionsverfahren nach Maßgabe des dritten Absatzes dieser Belehrung vertreten lassen.

Angermüller	*Kugele*	*Schüssl*
(Dr. Angermüller)	(Kugele)	(Dr. Schüssl)

Anmerkungen

1. In geeigneten Fällen kann durch Gerichtsbescheid entschieden werden, vgl. § 90a FGO; eine mündliche Verhandlung findet dabei nicht statt, § 90a Abs. 1 FGO; vgl. auch § 90 Abs. 1 S. 2 FGO.
2. Über Beiladungen zum Verfahren vgl. § 60 FGO.
3. Zur Besetzung des Gerichts s. §§ 5 f. FGO.
4. Das Gericht kann gemäß § 90 Abs. 2 FGO ohne mündliche Verhandlung entscheiden, wenn die Beteiligten einverstanden sind.
5. Tenorierungsbeispiel:
   Hat die Klage teilweise Erfolg, lautet der Tenor z. B.:
   I. In Abänderung des Steuerbescheids vom 26.6.2015 und der Einspruchsentscheidung vom 2.12.2015 wird die Einkommensteuer 2014 auf 6728,– € festgesetzt.
   Im Übrigen wird die Klage abgewiesen.

II. Der Kläger trägt $^1/_5$, der Beklagte $^4/_5$ der Kosten des Verfahrens.
III. Die Revision wird zugelassen.
IV. Das Urteil ist hinsichtlich der Kosten vorläufig vollstreckbar. Der Beklagte kann die Vollstreckung durch Sicherheitsleistung in Höhe von … € abwenden, wenn nicht der Kläger vor der Vollstreckung Sicherheit in gleicher Höhe leistet.

6. Der Streitwert wird im finanzgerichtlichen Verfahren in der Regel nicht gesondert festgesetzt. Zu einer Festsetzung durch Beschluss kommt es nur, wenn ein Beteiligter oder die Staatskasse dies beantragt oder das Gericht es für angemessen erachtet, § 63 Abs. 2 S. 2 GKG.

7. Zum Inhalt des Tatbestands s. § 105 Abs. 3 FGO.

8. Meist genügt eine kurze Begründung, z.B. „Die Kostenentscheidung folgt aus § 135 Abs. 1 FGO".
Zur vorläufigen Vollstreckbarkeit vgl. §§ 151 Abs. 1 und 3, 155 FGO, § 708 Nr. 11, §§ 711 oder 709 ZPO.

9. Bei einem Gerichtsbescheid nach § 90a FGO folgt am Ende der Entscheidungsgründe anstelle der Rechtsmittelbelehrung für das Urteil folgende:

Rechtsmittelbelehrung

Gegen diesen Gerichtsbescheid können die Beteiligten mündliche Verhandlung beantragen. Wird der Antrag auf mündliche Verhandlung rechtzeitig gestellt, so gilt der Gerichtsbescheid als nicht ergangen. Die Beteiligten können gegen den Gerichtsbescheid auch Revision einlegen. Wird neben dem Antrag auf mündliche Verhandlung Revision eingelegt, so findet mündliche Verhandlung statt.
Im Einzelnen gilt Folgendes:

1. Der Antrag auf mündliche Verhandlung ist beim Finanzgericht innerhalb eines Monats nach Zustellung des vollständigen Gerichtsbescheides schriftlich oder zur Niederschrift des Urkundsbeamten der Geschäftsstelle zu stellen.
Das Finanzgericht hat die Postanschrift: Finanzgericht München, Postfach 860360, 81630 München, die Hausanschrift: Ismaninger Str. 95, 81675 München, und den Telefax-Anschluss: 089/92989-300.
2. Die Revision ist bei dem Bundesfinanzhof innerhalb eines Monats nach Zustellung des vollständigen Gerichtsbescheides schriftlich einzulegen. Die Revisionsschrift muss den angefochtenen Gerichtsbescheid bezeichnen. Ihr soll eine Abschrift oder Ausfertigung des angefochtenen Gerichtsbescheids beigefügt werden. Die Revision ist innerhalb von zwei Monaten nach Zustellung des vollständigen Gerichtsbescheides zu begründen. Auch die Begründung ist bei dem Bundesfinanzhof einzureichen.
Bei der Einlegung und Begründung der Revision sowie in dem weiteren Verfahren vor dem Bundesfinanzhof muss sich jeder Beteiligte durch einen Steuerberater, einen Steuerbevollmächtigten, einen Rechtsanwalt, einen niedergelassenen europäischen Rechtsanwalt, einen Wirtschaftsprüfer oder einen vereidigten Buchprüfer als Bevollmächtigten vertreten lassen. Zur Vertretung berechtigt sind auch Steuerberatungsgesellschaften, Rechtsanwaltsgesellschaften, Wirtschaftsprüfungsgesellschaften und Buchprüfungsgesellschaften sowie Partnerschaftsgesellschaften, die durch einen in dem vorherigen Satz aufgeführten Berufsangehörigen tätig werden. Juristische Personen des öffentlichen Rechts und Behörden können sich auch durch Beamte oder Angestellte mit Befähigung zum Richteramt sowie durch Diplomjuristen im höheren Dienst vertreten lassen.
Der Bundesfinanzhof hat die Postanschrift: Postfach 860240, 81629 München, und die Hausanschrift: Ismaninger Str. 109, 81675 München, sowie den Telefax-Anschluss: 089/9231-201.

Sachverzeichnis

Die **fett gedruckten** Zahlen bezeichnen die **Nummer** (nicht die Seite) der einzelnen Muster; die übrigen Zahlen und Buchstaben verweisen auf die Anmerkungen.

Sachverzeichnis